DE PARIS
À WASHINGTON

LA POLITIQUE INTERNATIONALE
DU QUÉBÉC

PRESSES DE L'UNIVERSITÉ DU QUÉBEC
2875, boul. Laurier, Sainte-Foy (Québec) G1V 2M3
Téléphone : (418) 657-4399
Télécopieur : (418) 657-2096
Catalogue sur Internet : http://www.uquebec.ca/puq/puq.html

Distribution :

DISTRIBUTION DE LIVRES UNIVERS S.E.N.C.
845, rue Marie-Victorin, Saint-Nicolas (Québec) G0S 3L0
Téléphone : (418) 831-7474 / 1-800-859-7474
Télécopieur : (418) 831-4021

Europe :
ÉDITIONS ESKA
27, rue Dunois, 75013, Paris, France
Téléphone : (1) 45 83 62 02
Télécopieur : (1) 44 24 06 94

DE PARIS
À WASHINGTON

LA POLITIQUE INTERNATIONALE
DU QUÉBÉC

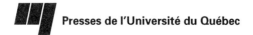

Presses de l'Université du Québec

Données de catalogage avant publication (Canada)

Bernier, Luc 1959-

De Paris à Washington : la politique internationale du Québec

Comprend des réf. bibliogr.

ISBN 2-7605-0880-3

1. Québec (Province) - Relations avec l'étranger. 2. Québec (Province) - Relations extérieures - France. 3. France - Relations extérieures - Québec (Province). 4. Québec (Province) - Relations extérieures - États-Unis. 5. États-Unis - Relations extérieures - Québec (Province). 6. Relations fédérales-provinciales (Canada) - Québec (Province) - I. Titre.

FC242.B47 1996   327.714   C96-941042-5
F1029.B47 1996

Révision linguistique : Monelle Gélinas

Mise en pages : Caractéra production graphique inc.

Conception graphique de la couverture : Richard Hodgson

FC
242
B48
1996

1 2 3 4 5 6 7 8 9 PUQ 1996 9 8 7 6 5 4 3 2 1

Tous droits de reproduction, de traduction et d'adaptation réservés
© 1996 Presses de l'Université du Québec

Dépôt légal – 3ᵉ trimestre 1996
Bibliothèque nationale du Québec / Bibliothèque nationale du Canada
Imprimé au Canada

Table des matières

Liste des tableaux et graphique

Préface

par Graham Fraser

Lorsque Bernard Landry, alors ministre du Commerce extérieur, envisageait de visiter Belgrade en 1984, l'ambassadeur du Canada de l'époque avait expliqué à ses interlocuteurs yougoslaves que la position du gouvernement du Canada était claire : il fallait que le ministre soit accompagné par un représentant de l'ambassade. « Aucun problème », a répondu son vis-à-vis. « Si vous ne pouvez pas faire partie de la délégation de monsieur Landry, vous pouvez vous joindre à la nôtre. »

Mais aussi compréhensifs qu'ils pouvaient être au sujet des tensions qui puissent exister dans une fédération entre le gouvernement fédéral et un des États membres, les autorités yougoslaves étaient abasourdies d'apprendre que parmi les pouvoirs d'un membre de la fédération canadienne était celui d'avoir des délégations à l'étranger.

Comme Luc Bernier le démontre dans son livre, la tension fédérale-provinciale a toujours été au centre de l'histoire de la paradiplomatie québécoise. Comme on peut lire dans le récit qui suit, souvent le hasard et les styles personnels des leaders politiques ont été plus importants que la rationalité.

Lorsque René Lévesque a visité Paris pour la première fois à titre de premier ministre, il prenait un plaisir malin à se moquer du protocole diplomatique, traitant son vieux copain Gérard Pelletier, alors ambassadeur du Canada en France, « d'espèce de chialeux ». Quand Lucien Bouchard visitait Washington comme chef de l'Opposition et chef du Bloc québécois, il était scrupuleux dans son respect des coutumes, et très respectueux de son ami et ancien collègue, l'ambassadeur du Canada Raymond Chrétien. Malgré le grand respect que monsieur Bouchard voue à la mémoire de René Lévesque, on a pu voir déjà un style très différent à l'étranger. Il était de plus un artisan d'un des grands succès du Québec, sa participation à la Francophonie.

Souvent, dans les postes moins sensibles que Paris, les relations entre la délégation du Québec et l'ambassade du Canada sont caractérisées par l'amitié et la coopération. Mais, comme journaliste, j'ai la déformation professionnelle de chercher des gagnants et des perdants dans un champ aussi éparpillé de conflits que celui de la paradiplomatie québécoise. À travers la brève période où le Québec s'est engagé à poursuivre des objectifs politiques à l'étranger, on peut remarquer autant de victoires que d'échecs.

Les observateurs du travail de lobbying que Gilles Loiselle a accompli à Londres en 1980-81 ont été extrêmement impressionnés par le professionnalisme qu'il a démontré. N'eut-il été de la victoire constitutionnelle de Pierre Trudeau à Ottawa en novembre 1981, personne n'aurait osé prévoir le résultat constitutionnel d'un combat diplomatique auprès des parlementaires britanniques. De la même façon, à Paris lors de la visite de Jacques Parizeau en 1994, les commentaires irréfléchis de l'ambassadeur canadien, Benoît Bouchard, ont poussé les politiciens français à faire front commun avec le président de l'Assemblée nationale française, Philippe Séguin. La mobilisation des politiciens français est en partie attribuable au travail du délégué-général du Québec, Claude Roquet, un diplomate d'expérience.

L'expérience aux États-Unis a été fort différente. Le professeur Bernier raconte comment le Québec n'a pas réussi à contrer la campagne très professionnelle montée par les Cris contre Hydro-Québec. En effet, les Québécois n'ont jamais su réagir contre des critiques des Cris. Monsieur Bernier reprend trop facilement, à mon avis, la réaction choquée des fonctionnaires et des politiciens québécois qui ont mal lu le discours de Matthew Coon-Come à Washington, et ont perçu une observation légitime d'un autochtone sur l'histoire des rapports entre son peuple et le gouvernement comme un sacrilège. Autant le Québec a été représenté à Londres et à Paris par des diplomates professionnels qui connaissent la culture et les mœurs politiques de leur pays hôte, autant le Québec s'est contenté souvent d'envoyer des non-diplomates aux États-Unis qui ont dû apprendre dans l'exercice de leurs fonctions la complexité du pays et la nature de la profession.

Comme Luc Bernier souligne, l'approche québécoise a été développée en fonction de l'administration centralisée qu'est la France. Tous ceux qui proviennent d'un système parlementaire et vont travailler aux États-Unis doivent s'adapter à un système de pouvoir décentralisé, et, souvent, difficile à localiser. Le système parlementaire, à Québec comme à Ottawa, fonctionne comme les vieux studios d'Hollywood d'antan ; le premier ministre, en fin de compte, a tout le pouvoir ; rien ne se décide sans lui. Washington, par contre, fonctionne comme le Hollywood d'aujourd'hui : tout se négocie, et c'est impossible de prévoir le décideur clé qui peut être lobbyiste, membre du congrès, ou conseiller du président.

De plus, on sous-estime la différence culturelle. Plus que presque toute autre société occidentale, les États-Unis jugent d'autres sociétés par leur traitement des minorités. Ce n'est pas pour rien qu'il n'existe pas de traduction juste et précise pour le mot allemand Realpolitik, ou la phrase « raison d'État ». Le sentiment compte pour beaucoup dans la foire d'émotions qu'est la politique américaine.

Luc Bernier parle du changement des attitudes apparu aux États-Unis avec la fin de la guerre froide. C'est vrai, mais l'obsession de l'adversaire soviétique a été remplacée par un je-m'en-fou-tisme grandissant envers le reste du monde. Le Québec n'est pas la seule société où la diplomatie est en retraite ; on coupe des postes, on élimine des positions et des missions partout, à Washington et à Ottawa comme à Québec.

De plus en plus, malgré la complexité grandissante du monde international, il y a des décideurs qui pensent qu'avec CNN et l'Internet, ils n'ont plus besoin de la connaissance intime et détaillée des autres pays et de leurs cultures qu'apporte un diplomate professionnel. Avec la montée d'une rhétorique populiste et anti-intellectuelle, les diplomates sont partout sur la défensive.

Avec un détachement exemplaire et un sens de l'humour subtil, monsieur Bernier regarde le trajet des interventions québécoises à l'étranger avec réalisme et lucidité. Monsieur Bernier a exposé l'évolution et l'érosion récente d'une paradiplomatie québécoise qui s'est faite malgré l'absence de politique ou d'objectifs clairs. Mais aussi longtemps que l'ambiguïté continue de planer sur la politique et

l'objectif du Québec, comme société, cette incertitude risque de continuer. Il y a un danger, qui est soulevé dans ce livre, que la politique
extérieure du Québec soit définie uniquement en termes de l'hypothèse de la souveraineté, et de la rivalité Québec-Ottawa. Il serait
dommage car dans le contexte de l'ALENA et l'interdépendance de
l'économie nord-américaine, on ne peut plus se payer le luxe d'une
politique construite sur la base d'hostilités ou de rivalités inutiles.

Graham Fraser est chef du bureau du *Globe and Mail* à Washington et chroni-
queur hebdomadaire au *Devoir*.

Avant-propos

Malgré le fait que depuis le traité de Westphalie de 1648, les relations internationales soient essentiellement du ressort des États souverains, le gouvernement du Québec a réussi en trente ans à développer à la fois une politique internationale efficace et moderne et l'organisation pour la mettre en œuvre. Ce livre offre une vue d'ensemble de la politique internationale du Québec. D'autres auteurs se sont penchés sur les relations du Québec avec certaines régions du monde ou avec certains pays mais personne n'a cherché à expliquer cette politique dans une perspective intégrée. Ce livre explique la naissance de la politique internationale moderne du Québec au moment de la Révolution tranquille et comment elle a véritablement pris son essor grâce à l'impulsion que lui donna le général de Gaulle autant avant qu'après son passage au Québec en 1967.

Le gouvernement du Québec a réagi plus qu'il ne fut le maître d'œuvre de sa politique internationale. Réaction aux pressions françaises qui vont dans la direction d'un développement de cette politique mais aussi réaction au gouvernement canadien, particulièrement sous Pierre Trudeau, qui a la volonté et des moyens pour contrer ce qu'il percevait et considère encore comme une invasion d'un gouvernement provincial dans un domaine de sa compétence. Le mode réactif ainsi développé causera plus tard des difficultés de mise en œuvre de cette politique internationale sur le seul marché crucial pour le Québec, celui des États-Unis. Le peu de succès obtenu par le gouvernement du Québec dans sa bataille de relations publiques avec les Cris concernant le projet de la baie James en est un exemple.

Les difficultés rencontrées dans certaines opérations ne doivent pas faire oublier le succès d'ensemble. Le Québec a obtenu une reconnaissance diplomatique de la part de la France, qui fut partiellement suivie dans le reste de la Francophonie, et un accès privilégié au marché américain. Ce sont là les deux grands axes de cette politique internationale qui s'étend à tous les continents. Ce livre innove en proposant une approche intégrée des politiques publiques qui permet de dépasser les limites des modèles développés pour l'étude des relations internationales qui souffrent de leur manque d'adaptabilité à l'étude du cas d'un État non souverain.

Le Québec a des intérêts économiques de par le monde mais surtout aux États-Unis dont dépend sa prospérité relative. C'est tout aussi vrai pour le Canada en entier qui n'a guère d'ennemis, dont la sécurité est assurée autant par la géographie que par l'évolution de la politique mondiale. Les États-Unis demeurent pourtant un domaine négligé des relations internationales du Québec et du Canada. Comme la révision de la politique étrangère canadienne de 1968 omettait de traiter des relations avec les États-Unis, les diplomates québécois préfèrent les relations avec l'Europe et les charmes de la francophonie. C'est de cette séparation entre le cœur et la raison dont il est question dans ce livre.

Si nombreux sont ceux et celles qui m'ont facilité la rédaction de ce livre que je crains d'en oublier. Lorsque je suis parti pour Chicago en 1984 pour faire mon doctorat, j'étais plus intéressé par les méthodes quantitatives que par la politique étrangère. Trois jours après mon arrivée, j'assistais pourtant à un colloque organisé par feu Barry Farrell sur les relations Canada–États-Unis et l'accord de libre-échange dont il était déjà question. J'y ai rencontré Jean Duquette alors en poste à la délégation du Québec à Chicago qui m'a par la suite fait découvrir la « vraie vie » du ministère des Affaires internationales. Puis Philip Schrodt, alors professeur et directeur du programme de doctorat à Northwestern, m'a enseigné mes premières notions en théorie des relations internationales. Daniel Latouche, venu comme conférencier à Northwestern, m'a ensuite proposé de participer à un colloque sur le triangle Québec–France–États-Unis à New York, ce qui me fit écrire mon premier texte sur le sujet. Je voudrais remercier Daniel et Phil de l'intérêt qu'ils portent jusqu'à ce jour à mes travaux, leur soutien demeure précieux. Puis Pierre Lamy et Claude Desranleau du CETAI des

HEC à Montréal ont commandité une recherche plus étendue sur l'État du Québec et les relations internationales. C'est ce texte qui avait convaincu Georges Fauriol du Center for Strategic and International Studies de Washington de m'encourager à faire un premier jet de ce qui est devenu ce livre. Quand je suis passé en entrevue en vue d'être engagé par l'École nationale d'administration publique, j'avais une peur bleue des questions de Claude Morin ou de Louis Sabourin sur ce sujet qu'ils connaissent beaucoup mieux que moi. Au contraire, l'école est un endroit où il fait bon travailler et où j'ai été grandement aidé dans ce travail. Il faut aussi souligner l'appui de l'ENAP qui a financé la recherche et les voyages permettant de présenter et de discuter certains passages du livre lors de divers congrès à travers ce continent. Tout le secrétariat de l'ENAP à Montréal, surtout Louise Doré et Carolle Fréjeau, a travaillé sur les multiples versions de ce livre. Je les remercie pour leur patience et leur bonne humeur sous stress. La recherche fut nourrie par le labeur de nombreux assistants de recherche. Au risque d'en oublier sur ce projet, je voudrais remercier Danielle Savard, Claude Desaulniers, Éric Bouchard, Luc Bouchard, Paul Saint-Hilaire et Sylvain Dubé. Les fonds du FCAR ont également été très utiles.

Outre les ouvrages dont il est question au fil des chapitres qui suivent, la recherche faite pour ce livre englobe une quarantaine d'entrevues semi-dirigées avec des gens qui ont participé ou qui participent activement à la politique internationale du Québec. C'est avec beaucoup de plaisir que je remercie tous ceux et celles qui ont accepté de se faire interviewer pour ce livre et qui ont accepté d'en discuter le contenu ou de me fournir certains documents dont j'avais besoin. Je leur avais promis l'anonymat mais ils ont toute ma reconnaissance. Ils connaissent ce sujet mieux que moi, mais ceux qui sont fonctionnaires sont tenus par le devoir de réserve, ce qui n'est pas mon cas. J'en serais incapable ! J'espère avoir utilisé au mieux ce que vous m'avez dit. Ces entrevues ont été complétées par une recherche documentaire. Je remercie Réjean Landry qui m'a donné accès à ses travaux d'analyse de contenu. Je tiens à remercier le Centre québécois des relations internationales de l'Université Laval devenu l'Institut des hautes études internationales, en particulier Louis Bélanger, pour l'accès à leurs données. Je voudrais remercier aussi madame Angèle Tremblay des Presses de l'Université du Québec qui a cru au projet ainsi que Chistopher Malone et Graham Fraser qui ont accepté de réviser une version antérieure du manuscrit. À toutes et à tous, mes plus sincères remerciements. Les opinions exprimées et les erreurs qui auraient pu se glisser dans ce livre sont miennes.

Introduction
De la Westphalie
à Québec

Lorsque le premier ministre du Québec fait une visite officielle à Paris, il a droit au faste que la tradition protocolaire française offre à un chef d'État souverain de passage. Il est reçu par le président de la République, qu'il soit de gauche ou de droite, après que son homologue français l'eut accueilli à sa descente d'avion. Ses fonctionnaires en poste à Paris ont un statut diplomatique comparable à celui du personnel de l'ambassade du Canada. Sur le perron de l'Élysée ou à Matignon, il réitère l'attachement du Québec à la Francophonie et la solidité des liens qui unissent le Québec à la France. Lorsque ce même premier ministre visite Washington, il est accueilli à l'aéroport par le fonctionnaire de son gouvernement basé à New York qui « couvre » Washington. Selon le niveau de tension existant ce jour-là entre Ottawa et Québec, il rencontre quelques politiciens ou fonctionnaires avec l'aide ou malgré la froideur de l'ambassade canadienne. Il n'y a pas à Washington de dîner d'État mais plus vraisemblablement une conférence devant cinquante spécialistes de la question canadienne dans une salle du Center for Strategic and International Studies ou d'autre forum similaire. Il a alors à répondre à une question sur la baie James, ou sur le sort des autochtones, les exportations de bois d'œuvre ou encore sur les raisons pour lesquelles le Québec veut se séparer du Canada. Il doit trouver une façon d'expliquer à quel point les Québécois sont des Nord-Américains et démontrer que, en dépit du fait que la question constitutionnelle ne soit pas résolue, le Québec demeure un excellent endroit où investir.

Les relations internationales du Québec dépassent de loin l'axe Paris–Washington. L'étendue du réseau de délégations autour du globe l'illustre. Ces relations portent de plus sur une multitude de sujets : économie, culture, éducation, immigration, etc. La nature même de ces liens fait qu'un grand nombre d'intervenants est mêlé à ces relations internationales. Mais le lien politico-culturel avec Paris comme la nécessaire ouverture sur le marché américain sont les deux pôles essentiels de ces relations internationales. C'est autour de ces relations bilatérales dissemblables que se sont développées les activités internationales du Québec discutées dans ce livre.

Question importante dans les années 1960, l'ouverture sur le monde de l'État québécois demeure cruciale. Par suite de la signature de l'*Accord de libre-échange nord-américain*, à l'heure de l'intégration économique européenne et face à la mondialisation de l'économie, le Québec ne peut pas se payer le luxe d'être inactif dans le domaine international. Les besoins de reconnaissance symbolique du début de la Révolution tranquille ont fait place à un intérêt plus marqué pour le commerce extérieur. L'approche développée pour favoriser les affaires internationales du Québec, pour reprendre le nom du ministère jusqu'à très récemment, ne peut se comprendre cependant sans s'attacher au développement d'ensemble des relations internationales du Québec dans un monde de plus en plus interdépendant.

Les relations bilatérales avec Paris ou les États-Unis doivent être étudiées de concert, comme nous l'avons fait dans ce texte. La politique internationale du Québec s'est développée d'abord en réaction aux pressions françaises. Elle n'a pu être réinventée lorsque le volet États-Unis a dû être abordé. Les échecs de la diplomatie québécoise aux États-Unis tiennent en partie au fait qu'habitué à réagir à un État français centralisé, le Québec ne sait guère encore que faire face au morcellement du système politique américain (voir Lisée, 1990).

Les relations internationales du Québec constituent un objet d'étude unique. Ce que le Québec fait sur la scène internationale dépasse et de loin les relations transfrontalières conventionnelles (Duchacek, 1988, p. 14-25). Il est difficile de trouver un État non souverain qui ait développé ses relations internationales autant que le Québec (French, 1993, p. 2 ; Nossal, 1989, p. 267 ; Thérien *et al.*,

1994, p. 262; Dehousse, 1989, p. 290). La Catalogne, les Landers allemands, l'Écosse et la Belgique francophone ont étendu leurs relations internationales mais pas autant que le Québec. Les autres provinces canadiennes ont aussi noué des relations internationales mais encore là à un degré moindre que le Québec[1]. Il est difficile au demeurant de trouver une province canadienne qui ait autant développé son État aussi bien quantitativement que qualitativement (Young, Blais et Faucher, 1984; McRoberts, 1993).

Les efforts internationaux du Québec font partie d'une mouvance qui remet en cause la souveraineté des pays et leur contrôle des relations internationales. C'est ce que Duchacek (1988, p. 5) a appelé la perforation de la souveraineté. Qu'il s'agisse de l'aide internationale aux régions menacées de famine comme au Soudan, de questions environnementales, du respect des droits de la personne ou de la sécurité de la population haïtienne, la souveraineté des gouvernements nationaux est ébranlée mais demeure le principe de base des relations internationales (Lyons et Mastanduno, 1995, p. 4-5 et p. 15-18). Les États souverains continuent de dominer les relations internationales dans un contexte d'interdépendance croissante (Lyons et Mastanduno, 1995, p. 250-251; Zacher, 1992, p. 100).

Cet ordre établi date de la paix de Westphalie de 1648 qui concluait la guerre de Trente Ans[2]. L'essence de ce qui fut alors convenu était que les gouvernements devaient pouvoir maintenir la paix sur leurs territoires en y étant souverains. Un État souverain ne devait pas se mêler, en théorie, des problèmes domestiques d'un autre pays (Krasner, 1993, p. 258-261). Les États devenaient les acteurs centraux des relations internationales et pouvaient désormais organiser leurs relations entre eux sans que l'Église prétende avoir un rôle transnational. Les privilèges féodaux et la souveraineté de certaines villes étaient éclaircis ou éliminés. En perdant la guerre de Trente Ans, le Saint Empire romain germanique perdait du même coup son contrôle sur les princes allemands qui pouvaient dès lors signer des traités (Krasner, 1993, p. 245). Dans ce système initialement européen, la diplomatie devenait un des moyens de maintenir un contact continuel entre les pays (Lyons et Mastanduno, 1995, p. 5-6).

---

1. Voir DEHOUSSE (1991, p. 96) et le numéro spécial d'*Études internationales* intitulé « Les politiques extérieures des États non souverains : convergences et divergences », volume 25, numéro 3 de septembre 1994.
2. Il y a en fait deux traités, ceux de Münster et de Osnabrück, qui constituent ce qu'on appelle la paix de Westphalie (KRASNER, 1993, p. 236).

D'après les principes établis par la paix de Westphalie qui justifie la consolidation du pouvoir des pays souverains vis-à-vis des formes rivales d'organisation politique (Krasner, 1993, p. 246), une entité politique qui n'est pas souveraine ne peut devenir une entité légale dans le système international. C'est-à-dire que cet État non souverain ne peut signer de traités, participer à des organisations internationales ni réclamer d'autres droits en vertu des lois internationales[3]. C'est une condition pour que l'ordre et la stabilité soient assurés. C'est ce principe que le Québec a cherché à contourner : il a développé un service diplomatique, il a signé des traités, il participe à certaines organisations internationales et essaie de s'adapter aux règles des marchés mondiaux modernes.

Dans le contexte de l'après-guerre froide, bien que la guerre en Bosnie et d'autres tragédies s'éternisent, les enjeux économiques qui sont au cœur de l'activité internationale du Québec prennent plus de place. Ce n'est pas tant le Québec qui a transformé ses relations internationales que le monde qui vit une mutation profonde[4]. Qui avait prévu que le mur de Berlin tomberait ne serait-ce qu'un an auparavant (Hermann, 1995) ? Ce ne sont pas les efforts faits pour transformer l'appareil administratif québécois chargé de ses relations internationales qui l'ont rendu adapté au contexte de cette fin de siècle, mais l'évolution du monde autour de lui, même si les principes de la paix de Westphalie dominent toujours.

On peut faire de son mieux et échouer pour des raisons incontrôlables : cycles économiques, aveuglément partisan, idéologie démodée, etc. Comme il va en être question au fil des chapitres qui suivent, ce qui est extraordinaire dans la politique internationale du Québec, c'est que ça ait fonctionné en dépit du peu qui était contrôlable. Les raisons qui auraient pu justifier une catastrophe sont nombreuses : mauvaise préparation, forte opposition, manque de contrôle sur la formulation, etc. Mais, et ce « mais » est majeur, avec de la chance et beaucoup de *timing*, l'État québécois s'est doté des moyens de réussir et le bilan de ce qu'il a fait est intéressant. Ce qu'il aurait pu faire et aurait pu continuer à faire est une autre question.

---

3. Différentes thèses existent sur le sujet, voir BERNIER (1973).
4. C'est la même perspective qui guide la redéfinition du rôle du Département d'État américain. Voir *State 2000 : A New Model for Managing Foreign Affairs*, report of the U.S. Department of State Management Task Force, décembre 1992.

Au chapitre un, la perspective théorique utilisée pour analyser cette politique extérieure est expliquée et située par rapport aux ouvrages existants. Les relations internationales du Québec ont été étudiées comme un sous-produit des relations internationales ou comme un enjeu de la saga constitutionnelle canadienne. Dans les deux cas, on insiste généralement sur les objectifs de cette politique, sur ses aspects symboliques, mais on néglige sa mise en œuvre. Dans ce premier chapitre, nous proposons une approche provenant de l'analyse des politiques publiques et mettant l'accent sur la formulation et les difficultés de mise en œuvre des politiques publiques. La démonstration faite dans les chapitres qui suivent reprend les différents éléments du modèle présenté.

La formulation de la politique extérieure du Québec s'est d'abord faite dans le contexte de la Révolution tranquille alors que, dans ce domaine comme dans d'autres, la mort de Duplessis ouvrait une fenêtre d'opportunité. C'est l'objet du chapitre deux. Les premiers pas du Québec sur la scène internationale furent décidés par le gouvernement québécois (Thérien *et al.*, 1994, p. 275). « L'ouverture du Québec au monde s'est produite non pas à la suite de pressions populaires ou d'un besoin exprimé par la majorité des citoyens mais *à cause d'une orientation en ce sens du gouvernement du Québec* » (Morin, 1990, p. 232). Il ne s'agit pas de réexpliquer la Révolution tranquille mais d'en dégager les particularités dans le domaine international et d'illustrer à quel point même si la majorité des auteurs parle d'institutionnalisation, cette politique a des origines humbles et un développement chaotique.

Cette politique ne s'est pas développée en fonction uniquement du Québec en devenir. Elle fut aussi réactive et souvent improvisée. Le gouvernement du général de Gaulle, avant et après la scène du balcon de l'hôtel de ville de Montréal en juillet 1967, a poussé le gouvernement québécois à intensifier ses relations internationales. Le gouvernement québécois a eu à réagir aux pressions françaises. S'il y a eu au Québec un désir de poursuivre sur le plan international la modernisation entamée au début des années 1960, il est douteux que le Québec, occupé ailleurs, eût autant œuvré dans ce domaine sans les pressions françaises. Les pressions françaises forcèrent une réaction alors que les ressources à Québec étaient limitées, ce qui a souvent forcé certaines improvisations avant que le Québec ait développé ses capacités étatiques. C'est, par exemple, du gouvernement français que vient l'idée de la coopération en éducation. De Gaulle et ses successeurs ont manœuvré pour utiliser le Québec moderne dans leurs plans stratégiques pour se démarquer vis-à-vis des

États-Unis, de la Grande-Bretagne et du Canada. Cet intérêt de la France pour le Québec s'est maintenu depuis lors, avec certaines variations sur le même thème comme nous le verrons au chapitre trois.

Cette politique internationale fut également fortement teintée par le contentieux constitutionnel canadien traité au chapitre quatre. Autant le gouvernement français désirait que le Québec ait des relations internationales, autant le gouvernement canadien s'en serait passé. Le gouvernement canadien n'avait guère l'intention de partager sa prérogative d'interlocuteur international. Le Québec est pourtant intervenu parce qu'il était mal représenté par le gouvernement fédéral (Dehousse, 1989). Le Québec a développé sa politique internationale en réaction également à cette hostilité du gouvernement central ou de certains membres de son personnel. Il a profité du flou de la constitution canadienne. Donc une deuxième réaction et une autre source d'improvisation mais aussi le développement d'un modèle itératif. Selon le précédent créé, on peut pousser plus loin ou l'on doit attendre le prochain déblocage.

Que le Québec réagisse face à un interlocuteur gouvernemental centralisé ne pose pas de problème en soi lorsque les questions abordées sont traitées par des intervenants gouvernementaux comme ce fut le cas face à la France ou face aux pressions outaouaises. Toute politique internationale, également pour les pays souverains, est faite en partie de ces réactions aux interlocuteurs étrangers[5]. Au départ, les relations avec la France étaient des relations entre États touchant des domaines d'activité qui leur étaient propres. Cette réactivité face à la France fut adoptée comme mode de pensée, intégrée à la culture de l'organisation gouvernementale québécoise responsable qui n'a pas su à ce jour formuler une politique originale envers les États-Unis, l'autre grand axe de la politique extérieure du Québec. Historiquement, trop de responsables du ministère des Affaires internationales ont été obnubilés par la question francophone et le dossier moins « noble » des échanges économiques avec les États-Unis a été négligé[6]. C'est ce dont il est question au chapitre cinq.

---

5. La politique extérieure est d'autant plus réactive que la société en question est en situation de dépendance économique ou de périphéralisation (Caporaso, 1978 ; Delacroix et Ragin, 1981).

6. Plusieurs des personnes rencontrées au MAI ont confirmé cette hypothèse lors des entrevues que nous avons faites de l'automne 1994 au printemps de 1996.

Des difficultés émergent lorsqu'on cherche à transposer le modèle de réactivité sur un autre théâtre d'opération. Lorsque ce processus réactif se révèle également itératif, des erreurs dues au cadre de référence peuvent se glisser et être difficiles à effacer. Les relations du Québec avec son voisin du sud sont principalement de nature économique et sont donc faites avec une multitude d'intervenants économiques qui n'ont pas la cohésion du gouvernement français. Même sur le plan politique, la république américaine est fort différente de la française. Le pouvoir politique y est éparpillé entre différentes agences gouvernementales, le puissant Congrès et le système judiciaire, accaparé au cours des dernières années par la pratique du libre-échange telle qu'elle est comprise outre frontière. Le plan politique a souvent posé problème, comme ce fut le cas, par exemple, lors du tristement célèbre discours de René Lévesque devant l'Economic Club de New York en 1977. Le Québec a trop souvent réagi aux États-Unis, comme lors de la guerre de relations publiques entre Hydro-Québec et les Cris concernant le développement de la baie James.

Au chapitre six, il est question de l'organisation qui a eu la charge de mettre en œuvre la politique internationale formulée. Ce livre met l'accent sur le rôle crucial que joue l'appareil gouvernemental dans la formulation et la mise en œuvre des politiques gouvernementales. Dans le système parlementaire, tel que pratiqué au Canada, on ne doit pas négliger le rôle des fonctionnaires dans le cycle des politiques publiques, ni non plus les luttes de pouvoir entre les organisations où ils œuvrent. Un des problèmes majeurs de la politique internationale du Québec fut qu'historiquement, il n'y eut pas d'organisme ayant pour mandat fondamental et unique la responsabilité de ce dossier avant la réforme de 1988. Et au cours des dernières années, on a d'abord ajouté des missions au ministère qui rendent difficile la constitution d'un noyau technologique (Thompson, 1967). Ce ministère fut une anarchie organisée, non pas par incompétence mais parce que ses finalités ne pouvaient guère être articulées et furent changeantes. C'est ce ministère que le gouvernement du Québec vient d'écarteler entre l'Industrie et Commerce, les Relations internationales, la Culture et les Relations avec les citoyens. Ce ministère est redevenu au printemps de 1996 le ministère des Relations internationales, mais était connu, ces dernières années, sous le nom de ministère des Affaires internationales (MAI), expression qui est principalement utilisée au fil de ce texte.

La route depuis la Westphalie fut longue et laborieuse. La formulation fut compliquée, la mise en œuvre aussi, mais la chance aida à parcourir le chemin (Morin, 1987). La politique internationale du Québec est malgré tout un succès. Il en est question au chapitre sept. Le Québec a su acquérir une certaine légitimité internationale et son développement économique dépend des marchés internationaux.

L'étude de la politique internationale du Québec

1

Dans ce chapitre, nous faisons état, dans un premier temps, de la façon dont les relations internationales du Québec ont été étudiées au cours des dernières années en soulignant tout d'abord que ce que fait le Québec serait sûrement moins négligé s'il n'agissait pas dans le cadre constitutionnel canadien actuel mais bien comme un État souverain. Dans un deuxième temps, nous décrivons les approches utilisées pour étudier ce qui se fait. Enfin, dans un troisième temps, nous présentons le modèle que nous comptons utiliser dans le présent ouvrage pour étudier la politique internationale du Québec[1]. Nous proposons ce modèle parce que, comme nous le verrons dans ce chapitre, les approches privilégiées par la littérature traitant des relations internationales sont peu adaptées à l'étude de ce que fait un État non national comme le Québec.

---

1. Nous adaptons légèrement les définitions suggérées par BÉLANGER *et al.* (1993, p. 144). Les « relations internationales » désignent l'ensemble des rapports entre deux ou plusieurs entités étatiques. La « politique étrangère » veut signifier le comportement qu'adopte un gouvernement dans la gestion de ses relations internationales, depuis la formulation de la politique jusqu'à sa mise en œuvre et son évaluation. La politique étrangère englobe généralement des considérations militaires ou de sécurité (*high politics*), nous employons donc l'expression « politique internationale » pour désigner le comportement du Québec dans la gestion de ses relations internationales, relations portant principalement sur d'autres considérations (*low politics*).

1.1. Les relations internationales du Québec : un sujet négligé

Les relations internationales du Québec sont demeurées un sujet d'étude négligé ou mal étudié, et ce pour trois raisons. Premièrement, une fraction importante de l'attention qui aurait pu être donnée à la pratique des relations internationales du Québec a été détournée vers l'hypothétique développement des relations internationales d'un Québec souverain, sujet qui a toujours plus captivé l'imagination des chercheurs que ce que le Québec fait déjà[2]. On pourrait aussi expliquer cette profusion de travaux hypothétiques sur le sujet par le fait qu'il existe une importante littérature à employer pour traiter des relations internationales des pays souverains.

Toujours est-il que ce que fait déjà le ministère québécois des Affaires internationales est la base de prédiction la plus solide que nous ayons de ce que le Québec pourrait faire s'il ne le devient pas, l'élaboration et la mise en œuvre de ce qu'il fait n'en valent pas moins la peine d'être étudiées pour elles-mêmes. Il s'agit d'un cas unique, d'un modèle achevé qui précède ce que des communautés euro-péennes comme l'Écosse ou la Catalogne commencent à développer.

Deuxièmement, l'action du Québec sur le plan international fut négligée parce qu'elle se démarque nettement de ce que sont les relations internationales, ou du moins de ce qu'elles furent dans le passé. Les questions de défense ou de sécurité qui préoccupent les spécialistes des relations internationales concernent le gouverne-

---

2. Voir le numéro spécial d'*Études internationales*, vol. 8, n° 2, juin 1977. Voir aussi BROSSARD, Jacques (1995). *L'Accession à la souveraineté et le cas du Québec : conditions et modalités politico-juridiques*, édition révisée, Montréal, Presses de l'Université de Montréal. Voir également BYERS, R.B. et David LEYTON-BROWN (1980). « The Strategic and Economic Implications for the United States of a Sovereign Québec », *Analyse de Politiques*, 6, pages 74-90. Pour des exemples plus contemporains, voir BEAUDOIN et VALLÉE (1992), MACE et GOSSELIN (1991), MACE, BÉLANGER et BERNIER (1995) et les *Éléments d'analyse économique* de la Commission (Bélanger-Campeau) sur l'avenir politique et constitutionnel du Québec publiés en 1991. Voir aussi les tristement célèbres études LeHir : celle d'Yvan Bernier, « La dimension juridique des relations commerciales d'un Québec souverain », 12 mai 1995, et celle de la firme new-yorkaise Rogers and Wells, « Advisory memorandum regarding the effect of independence of Quebec upon treaties and agreements with the United States of America », 7 mars 1995. Pour une étude commandée aux États-Unis sur le même sujet, voir ROH, Charles E. Jr. (1995). « The Implications for U.S. trade policy of an independent Quebec », Decision Quebec Series, Center for Strategic and International Studies, Washington, D.C., 5 octobre.

ment canadien mais guère le Québec. La littérature en relations internationales traite de plus en plus d'économie, d'échanges en éducation, etc., mais dans une perspective faisant toujours une large place aux questions de sécurité et qui, de ce fait, n'est guère appropriée à l'étude des activités internationales du Québec. Dans ces ouvrages, l'attention est centrée sur les questions militaires et le maintien de la paix. Les États-nations y sont vus comme les acteurs centraux d'un système international anarchique parce qu'il n'a pas d'autorité centrale (Holsti, 1985, p. 10 ; Krasner, 1993). Le paradigme classique nourrit tant les efforts descriptifs que les efforts théoriques (Holsti, 1985, p. 144)[3]. L'analyse porte principalement sur les questions d'ordre et de stabilité en l'absence d'un gouvernement mondial (Rosenau et Czempiel, 1992). On pourrait croire que l'approche réaliste (et sa variante dite néoréaliste) dominante pour étudier les relations internationales n'est plus adaptée à son propre objet d'étude dans l'après-guerre froide (Campbell, 1996 ; George, 1996) et encore moins pour étudier ce que fait le Québec. Les gouvernements provinciaux ont des intérêts internationaux qui sont plus économiques et qui portent sur des domaines plus précis que ceux des gouvernements nationaux. Le Québec ne peut prétendre réaliser qu'une partie de l'ensemble des activités diplomatiques conventionnelles classiques, la portion de ces activités internationales des États souverains liée essentiellement au commerce et aux domaines de sa compétence, dont l'éducation et la culture.

Troisièmement, ce sujet a été négligé parce que, d'un côté, les spécialistes de science politique étudient les relations internationales ou la politique extérieure sans s'intéresser aux problèmes d'administration publique et, de l'autre, les spécialistes de l'administration publique étudient leur objet en se désintéressant des questions de politique extérieure. L'analyse des relations internationales doit pourtant porter autant sur le discours que sur les activités réalisables et réalisées. Aussi grandiloquent que puisse être le discours des politiciens, les réalisations des gouvernements sont limitées par ce que les organismes gouvernementaux sont capables de faire. Deux exemples illustrent le peu d'attention accordé jusqu'ici aux relations internationales de l'État du Québec même dans les meilleures études disponibles en administration publique. Les

---

3. Cette approche que Holsti appelle classique est généralement dite réaliste (ZACHER, 1992, p. 101). Holsti suggère que la littérature sur la dépendance a ouvert des brèches dans ce front mais qu'elle n'a pas véritablement percé. Voir KEOHANE, Robert O. et Joseph S. NYE jr. (1987). « Power and Interdependence revisited », *International Organization*, 41, pages 725-753.

auteurs regroupés par Bélanger et Lepage (1989) pour rendre compte de l'évolution de l'administration publique québécoise de 1960 à 1985 omettent, parmi les secteurs étudiés, de traiter de ces relations internationales. Dans son grand survol de l'histoire de l'administration publique québécoise, James Iain Gow (1986) ne daigne consacrer que de très brefs passages aux relations extérieures. Pourtant, si l'on se fie à Paul Painchaud, sans cette dimension internationale, la Révolution tranquille serait demeurée « une entreprise de progressisme municipal » (1980, p. 351). Par ailleurs, les plus éminents spécialistes des relations internationales du Québec consacrent fort peu de temps à considérer les appareils administratifs. Par exemple, Painchaud (1980, p. 352) utilise une approche à cinq volets empruntée à la sociologie de la politique étrangère : la définition d'une doctrine, l'élaboration d'une pensée stratégique, la mise en place de ressources, l'appropriation d'un espace international et la formation d'un champ des politiques. L'analyse repose sur une rationalité d'ensemble qui, bien qu'elle soit souhaitable, n'a pas existé de l'avis de ceux qui ont vécu le développement de cette politique avant les dernières années[4]. Sur le plan des ressources, Painchaud souligne la création d'un ministère minuscule et doté d'un budget limité, mais ne pousse guère son analyse sur ce point.

Comme Allison (1971) l'a proposé, ne pas considérer les questions administratives et les luttes de pouvoir au sommet des hiérarchies gouvernementales ne laisse qu'une vision tronquée de la réalité. Dans l'étude de la politique étrangère, il faut considérer comment celle-ci est influencée par les forces en présence dans l'administration publique (Black et Smith, 1993, p. 752 ; Smith et Clarke, 1985, p. 2-5). Même si les écrits d'Allison ont changé la façon d'étudier les relations internationales de certains, comme Bendor et Hammond (1992), il faut admettre que l'approche dominante est demeurée l'approche classique. Les chercheurs en relations internationales sont les chercheurs les plus conservateurs de toutes les sciences sociales (Zacher, 1992, p. 58). Le peu d'intérêt des spécialistes des relations internationales pour l'administration publique n'est pas uniquement québécois (Neack, Hey et Haney, 1995, p. 3).

L'approche dite réaliste mentionnée plus haut comporte un défaut majeur, celui de présenter l'État comme un acteur unitaire rationnel. C'est exagérer de beaucoup la rationalité de systèmes

---

4. C'est l'avis de Paul Gérin-Lajoie, de Claude Morin et des autres fonctionnaires et politiciens qui ont été interviewés sauf un seul.

étatiques où le ministre responsable de Radio-Canada International peut, par exemple, répondre aux journalistes qui l'interrogent sur la fermeture de celle-ci qu'il n'a pas d'idée sur le sujet, ou encore un ancien ministre des Postes dire à d'autres journalistes à propos d'une grève que les hommes d'affaires qui utilisent le service postal ne sont pas de bons hommes d'affaires. Et les exemples du genre ne viennent pas seulement des politiciens : le bureau du Curateur public oublie une dame de 84 ans dont il a la charge jusqu'à ce qu'elle meure de faim dans son appartement ; pour ne pas déranger les festivités entre Noël et le Jour de l'an, le ministère des Transports décide de ne pas déneiger le boulevard métropolitain à Montréal, lequel se transforme en rampe de lancement mortelle. On pourrait aussi considérer par exemple le rapport du vérificateur général du Québec qui estime que le ministre LeHir n'est pas responsable de ce que tramaient certains des vingt employés de son mini-ministère chargé des études sur la souveraineté dans un système politique où un des principes de base est la responsabilité ministérielle[5]. Présumer que l'État est un acteur rationnel est beaucoup présumer et, comme nous le verrons plus loin, il y a des façons moins fantaisistes d'analyser l'État afin de parvenir à dépasser les études sur les relations internationales d'un éventuel ou hypothétique Québec souverain et les limites des approches des relations internationales.

1.2. Les relations internationales du Québec : un sujet mal étudié

« Il n'y a pas de tradition de recherche dans le domaine des relations internationales du Québec comme il y en a dans l'étude des partis politiques ou des interventions gouvernementales » (Bélanger *et al.*, 1993, p. 144-145).

On ne peut pourtant négliger l'étude ni de l'international ni du domestique qui s'entremêlent. Des décisions prises ailleurs ont un impact sur nos vies de tous les jours. Par exemple, la non-ratification du contrat d'électricité entre l'État de New York et Hydro-Québec rend non nécessaires des constructions à la baie James et reporte des discussions pénibles avec les Cris. Les accords internationaux comme ceux du GATT vont forcer une transformation radicale des offices de commercialisation dans le domaine agricole. Combien

---

5. Voir LESSARD, Denis (1996). « Manque de rigueur et d'encadrement », *La Presse*, 14 mars, page B-1.

d'emplois vont émigrer au Mexique par suite de l'*Accord de libre-échange nord-américain* ? On pourrait continuer la liste d'exemples *ad nauseam*. On pourrait aussi considérer que les nouveaux domaines d'activité dans le champ international débordent les compétences exclusives des gouvernements centraux : énergie, flux migratoires, échanges scientifiques et technologiques, changements en éducation.

Lorsqu'ils étudient les relations internationales au sens large, les chercheurs s'appuient le plus souvent sur la tradition réaliste dont il a été question dans la section précédente (Hudson, 1994, p. 282). Mais lorsqu'ils analysent plus spécifiquement la politique étrangère, leur paradigme de recherche n'est pas aussi clairement défini et ils peuvent utiliser différentes approches (Hermann, Kegley et Rosenau, 1987 ; Neack, Hey et Haney, 1995). Du point de vue méthodologique, ils ont de la difficulté à offrir dans leurs ouvrages une perspective dynamique et se contentent fréquemment de quelques instantanés sur la politique extérieure, laquelle se trouve parfois noyée sous les variables indépendantes, certains chercheurs utilisant des modèles comprenant jusqu'à 75 variables (Hudson, 1994, p. 297). Au Canada, les ouvrages sur le sujet souffrent d'un manque de débats, faute de joueurs, et ne sont guère cumulatifs (Black et Smith, 1993, p. 768). Ils portent ou bien sur la place du Canada dans le monde, ou bien sur la formulation de cette politique, ou bien sur l'influence de certains groupes d'intérêt sur cette politique (Molot, 1990, p. 77-78), mais presque jamais sur sa mise en œuvre (Smith et Clarke, 1985, p. 2).

Une littérature plus spécialisée qui pourrait être utile se développe rapidement. Ces ouvrages utilisent des expressions comme « paradiplomatie », « protodiplomatie », « relations transfrontalières », etc. (voir Hocking, 1993 ; Michelmann et Soldatos, 1990 ; Duchacek *et al.*, 1988 ; Brown et Fry, 1993 ; Tremblay et Pares i Maicas, 1990). Surtout descriptifs, ces ouvrages portent généralement sur les échanges économiques entre régions ou les relations diplomatiques les accompagnant, par exemple les relations entre les États et provinces riverains de la zone navigable Grands Lacs–Saint-Laurent ou les relations transfrontalières entre la Colombie-Britannique et l'État de Washington. Les acteurs considérés sont des compagnies multinationales, des groupes environnementaux et des gouvernements non nationaux, qu'ils soient régionaux ou municipaux.

Ces recherches peuvent servir à expliquer le cas du Québec mais seulement en partie parce qu'elles portent principalement sur des phénomènes plus limités que ce que le Québec fait. On pourrait dire qu'en voulant généraliser, ces ouvrages ont fini par se consacrer à des phénomènes en deçà de ce qui particularise les relations internationales du Québec, qui fait certes du commerce extérieur mais ne fait pas que du commerce et qui n'est pas simplement un gouvernement régional. Nous savons que les actions de l'État québécois font foi de son intérêt accru pour les questions de commerce extérieur, d'immigration et de développement technologique (Thérien *et al.*, 1994 ; Bernier *et al.*, 1991) mais l'enjeu identitaire (Bélanger, 1993, p. 3) et l'ampleur des moyens utilisés les singularisent. Dans des schémas qui accordent une grande rationalité aux gouvernements, ces ouvrages font de l'État national le cœur de leurs modèles théoriques (voir Michelmann et Soldatos, 1990). Sur le plan empirique, les études comparées sur le Québec, l'Ontario et l'Alberta, les trois provinces canadiennes qui ont le plus développé leurs activités internationales, concluent, en utilisant la notion d'asymétrie (Dehousse, 1990), que le Québec agit différemment[6].

Ce qui particularise aussi ce que fait le Québec, c'est la nature étatique de ses activités internationales. On ne fait pas des relations internationales quand on rencontre des étrangers, mais lorsqu'on est mandaté par un gouvernement pour négocier avec les représentants d'autres pays (Morin, 1990A). Les grands dossiers sont la politique économique et commerciale, la promotion des exportations, les investissements étrangers, la science et la technologie, l'énergie, l'environnement mais aussi la Francophonie, les relations culturelles internationales, l'immigration et la mobilité des personnes, les relations multilatérales, le développement international et les droits humains (Leduc *et al.*, 1989, p. 215-223). Certains de ces dossiers peuvent avancer de façon indépendante, mais plusieurs requièrent des relations formelles avec d'autres États.

Les premiers travaux sur les relations internationales du Québec furent de nature juridique[7]. Cela peut s'expliquer par la nature de ces relations qui visaient à développer un statut (Balthazar *et al.*, 1993, p. 21). Comme la *Constitution* canadienne est presque muette sur le sujet, les interprétations peuvent se multiplier. Le débat n'est d'ailleurs pas réglé. Il n'y a guère eu par la suite que

---

6. Voir le numéro spécial d'*Études internationales*, vol. 25, n° 3, septembre 1994, sur ces trois provinces.
7. Pour un aperçu relativement récent de ces travaux, voir la *Revue québécoise de droit international*, dont en particulier le texte de Jacques-Yvan Morin (1984). Voir aussi sur les aspects juridiques de la participation des provinces canadiennes au commerce international, BERNIER et BINETTE (1991).

des chronologies partielles[8], des études ponctuelles sur certains aspects précis de l'intervention québécoise[9], mais peu d'apport scientifique visant à offrir une vision intégrée des relations extérieures jusqu'à la publication de l'ouvrage de Balthazar et de ses collègues (1993)[10]. Les études antérieures se sont surtout intéressées à deux problématiques qui ont été traitées séparément : les relations culturelles avec la Francophonie et les relations économiques avec les États-Unis[11]. Il y eut aussi des narrations personnelles, comme celles de Patry (1980) ou de Léger (1987). Ces ouvrages manquent néanmoins de recul (Bélanger *et al.*, 1993, p. 145). On a parfois l'impression, comme Latouche (1988, p. 33) l'écrivait, que l'étude de la politique étrangère québécoise en est en elle-même un élément constitutif.

La revue *Études internationales* propose aussi une chronique au jour le jour des péripéties de ces relations internationales[12]. Malone (1974) a écrit une excellente thèse sur la période 1960-1972. Noda (1989) s'est quant à lui intéressé à l'histoire des années 1970-1980 dans une longue thèse que l'on retient surtout par sa description de l'Opération Amérique. Certains ouvrages portent sur les relations Québec–France puis Québec–États-Unis, mais il n'y en a guère sur les relations du Québec avec d'autres régions du monde (Balthazar *et al.*, 1993, p. 23). D'autres auteurs ont expliqué que les relations internationales du Québec faisaient une partie du processus plus large de modernisation de l'État québécois (Painchaud, 1980 ; Latouche, 1988).

Claude Morin a beaucoup décrit son expérience de participant actif du « prolongement externe des compétences internes » en se concentrant surtout sur la reconnaissance symbolique du Québec

---

8. Voir par exemple Hervouet et Galarneau (1984), Patry (1980) ou les anecdotes de Cholette, Gaston (1994). *Au service du Québec, souvenirs*, Sillery, Septentrion. Pour une recension de ce genre de travaux, voir Latouche (1988).
9. Voir par exemple Bonin (1982).
10. Pour une bibliographie sélective sur les relations internationales du Québec préparée en vue des travaux de cette équipe, voir Manon Tessier (1992). « Les relations internationales du Québec, 1961-1992, une compilation bibliographique », *Cahiers du CQRI*, numéro 9, août 1992. Voir aussi la bibliographie du programme de recherche sur les provinces du CQRI.
11. Un ouvrage fait exception, c'est celui de Savary (1984) qui traite des rapports culturels avec les États-Unis.
12. Plus exactement, une chronique des relations internationales du Canada et du Québec, chronique portant principalement sur le Canada.

comme acteur international[13]. Jean-François Lisée (1990) a raconté comment le Québec a raté des occasions aux États-Unis pendant la même période. Lisée était alors à Washington un spectateur attentif de ces relations internationales. Riches sources de matière première, leurs ouvrages se complètent : ceux de Morin portent surtout sur les échanges avec la Francophonie, celui de Lisée sur les relations du Québec avec les États-Unis, l'autre grand pôle de ces relations internationales. Ces livres proposent un ensemble de documents, d'entrevues, de réflexions, d'anecdotes et de détails qui sont irremplaçables. Les documents datant du début de la Révolution tranquille que Morin a conservés n'existent souvent qu'en très peu d'exemplaires. De même, les entrevues réalisées par Lisée découlent d'un réseau de contacts difficile à établir. Apprendre qui à la CIA ou à la Maison Blanche se préoccupait ou se préoccupe toujours du Québec n'est pas une tâche facile. Les données existantes sont rares. Comme Bélanger *et al.* (1993, p. 152) le soulignent, le gouvernement n'est pas parvenu à quantifier son action lors de la préparation du sommet *Le Québec dans le monde* tenu en 1984. Il n'y a pas à Québec de mémoire institutionnelle des relations internationales du Québec[14]. Il n'y a même pas de bibliothèque au siège social du ministère.

Parmi ces travaux, ceux de Morin sont les plus intéressants et couvrent l'essentiel des éléments à considérer. Malone (1974) et Nossal (1989, p. 259-276) expliquent eux aussi l'émergence du Québec dans ce champ par les mêmes facteurs. Bélanger, Gosselin et Hervouet (1993, p. 156-160) considèrent les trois premiers facteurs que Morin retient[15]. Morin (1987, p. 470) résume la combinaison de facteurs

---

13. Voir ses trois derniers livres (1987, 1991 et 1994). Il avait également monté un dossier sur le sujet en 1972 dans *Le pouvoir québécois en négociation*, Québec, Boréal Express.
14. Fouiller les archives du gouvernement du Québec est une source d'étonnement perpétuel. L'équipe du Centre québécois de relations internationales a trouvé des classifications erratiques, la conservation aléatoire d'un certain ensemble de documents, le feu qui en a détruit une partie, les déménagements au cours desquels on jette des archives, etc. Dans leur étude de la politique étrangère canadienne, GRANATSTEIN et BOTHWELL (1990, p. vii) louent le service des archives du ministère des Affaires extérieures. Nous ne pouvons pas en dire autant du MAI. Le gouvernement du Québec n'a guère conservé d'archives. Qui plus est, comme le soulignait BALTHAZAR *et al.* (1993, p. 9), certains ministres ont emporté avec eux discours et autres documents à la fin de leur mandat pour les revendre ensuite.
15. Dans un vocabulaire légèrement différent, Brown (dans BROWN et FRY, 1993) reprend essentiellement les mêmes critères en insistant plus sur l'importance des économies régionales.

qui permet de comprendre les gestes originaux du Québec dans le domaine des relations internationales :

▷ la détermination des gouvernements québécois qui se sont succédé depuis 1960. Quatre raisons ont incité le gouvernement du Québec à entretenir des relations internationales : le désir d'ouverture vers l'extérieur, les besoins concrets, la nécessité de sauvegarder ses compétences et sa spécificité culturelle (1987, p. 40) ;

▷ la situation constitutionnelle canadienne : le gouvernement du Québec s'ouvrit au monde parce qu'il était mal représenté à l'étranger par le gouvernement fédéral canadien ;

▷ l'appui de la France ;

▷ et un facteur résiduel : « la présence de circonstances favorables »[16].

Outre ces ouvrages principalement factuels, l'ouvrage de Balthazar et de ses collègues de l'Université Laval est de loin le plus important sur les relations internationales du Québec. Il est complété par le numéro spécial d'*Études internationales* de septembre 1994 sur les politiques extérieures des États non souverains. L'analyse est « inspirée de l'analyse de la politique étrangère des États souverains » (Bélanger dans Balthazar *et al.*, 1993, p. 37). L'objet d'étude est alors celui de l'action gouvernementale ou étatique, en autonomie relative vis-à-vis de la société environnante. Cet État formule et met en œuvre sa politique étrangère. On peut en étudier alors trois séries d'éléments : « la formulation des objectifs ; l'exécution de la politique ; et, à cheval sur les deux premiers, la mise en place des ressources humaines et matérielles de l'État dans le but d'atteindre les objectifs fixés » (Bélanger dans Balthazar *et al.*, 1993, p. 38)[17].

---

16. Dans son dernier livre, Morin (1994, p. 177) ramène la liste de facteurs à deux : le fait que le gouvernement du Québec se comportait comme un gouvernement national et l'appui de la France.

17. La méthodologie de l'étude faite par l'équipe du Centre québécois des relations internationales de l'Université Laval est expliquée en détail par Louis Bélanger au chapitre deux du livre de Balthazar *et al.* (1993). Pour l'essentiel, on y a recours à une analyse de contenu d'un échantillon des discours disponibles où on a retrouvé 1509 objectifs de politique étrangère québécoise qui furent codés en fonction de domaines d'activités, de la nature des objectifs et de la cible visée. On a aussi considéré les ressources humaines et budgétaires allouées à la mise en œuvre de cette politique. Finalement, on a étudié les ententes signées avec d'autres gouvernements et les visites ministérielles faites comme des indicateurs de la gestuelle extérieure. Voir également les annexes de leur volume.

Il fallait d'abord décrire le comportement international du Québec depuis 1960. Dans le cas du Québec, « un intérêt limité a été accordé à une analyse systématique de l'action gouvernementale qui aurait permis la conception d'instruments de recherche et l'accumulation de données empiriques » (Bélanger *et al.*, 1993, p. 146). Trop peu a été écrit jusqu'ici pour qu'il soit possible d'expliquer le pourquoi et le comment de ce comportement, écrivaient Balthazar et ses collègues (1989, p. 9 et 20-21). L'équipe de Laval annonçait aussi qu'elle reportait à une publication ultérieure l'interprétation analytique des résultats obtenus.

Le phénomène qu'ils cherchent à expliquer est celui de l'institutionnalisation des relations internationales du Québec. « L'institutionnalisation de l'action internationale du Québec s'est principalement caractérisée par la signature d'ententes avec des partenaires étrangers, la constitution d'une bureaucratie spécialisée et l'expansion d'un réseau de représentations extérieures » (Thérien *et al.*, 1994, p. 257). Cette institutionnalisation serait aussi caractérisée par une meilleure articulation des préoccupations économiques et politiques du gouvernement (Thérien *et al.*, 1994, p. 260). Les récentes compressions budgétaires et le redécoupage du ministère des Affaires internationales entre le ministère de l'Industrie et du Commerce d'un côté et le recréé ministère des Relations internationales portent à penser que cette institutionnalisation est fort peu réussie ou au mieux partielle. Le recul du nombre de délégations, le démantèlement de la bureaucratie spécialisée, la désarticulation des préoccupations politiques et économiques portent un dur coup à cette thèse. La rationalité de l'ensemble n'apparaît guère meilleure que pour les exemples énumérés précédemment.

On pourrait, contrairement à la thèse de l'institutionnalisation, croire que l'État québécois a défini ce qu'il faisait sur le plan international au fur et à mesure qu'il le faisait. Si l'on exclut le discours de Paul Gérin-Lajoie de 1965, le Québec a eu des activités internationales depuis 1961, mais a dû attendre 1985 pour formuler un premier énoncé de politique, qui ne fut pas appliqué pour cause de changement de gouvernement, puis ensuite 1991 pour en présenter un autre en bonne et due forme.

Au fil de ce livre, nous allons utiliser les données provenant de cette recherche menée par l'équipe de l'Université Laval. Mais, comme nous le décrivons ici, s'il y eut institutionnalisation des relations extérieures du Québec, ce fut plus le résultat de circonstances favorables, de la chance et de retournements de situation que d'un processus planifié d'institutionnalisation. Les signatures d'ententes entre le Québec et des gouvernements étrangers ou la participation du Québec à des réunions de la Francophonie ont suivi les fluctuations du jeu entre Ottawa et Québec. Elles ne témoignent guère d'une progression. Tout aurait pu être chaque fois remis en cause et l'a été. De la même façon, la construction de l'appareil administratif québécois chargé de cette politique est encore aujourd'hui difficile. Fraîchement formé, le gouvernement Bouchard reprend le modèle infructueux de la séparation du ministère des Affaires internationales en deux : les affaires économiques à l'Industrie et Commerce, le reste au ministère des Relations internationales.

La distinction entre politiques internationales et domestiques est souvent artificielle (Dehousse, 1991, p. 12-13 ; Ingram et Fiederlein, 1988). C'est pourquoi nous jugeons opportun d'employer toute la richesse de cadres conçus en analyse des politiques domestiques, richesse qui ne semble pas avoir teinté l'étude des politiques étrangères, ce qui explique entre autres le peu d'évaluation (Hudson, 1994, p. 297). À une époque où les frontières entre les politiques domestiques et internationales s'effacent, voir la politique internationale du Québec dans la lunette des relations internationales est se priver de l'angle d'étude le plus intéressant. Il existe en analyse des politiques domestiques divers cadres adaptés à expliquer et à évaluer la politique d'affaires internationales du Québec. Le cadre d'analyse décrit dans la dernière section de ce chapitre permet une interprétation plausible et réaliste de cette politique qui ajoute aux travaux déjà faits. Il permet de centrer l'analyse et l'interprétation sur certains éléments que l'approche internationaliste néglige.

Comme nous allons aussi le voir plus avant dans le volume, la rationalité qui a guidé la réalisation des activités internationales du Québec est, et de loin, plus faible que ce que le modèle internationaliste présume (Latouche, 1988, p. 35). La chance ou le hasard, les humeurs de Jean Lesage ou le caractère brouillon de René Lévesque ne sont guère « rationnels ». La politique de pays souverains, que ce soit de la Grande-Bretagne ou du Japon, n'est pas plus rationnelle mais réactive aux événements internationaux (Calder, 1988 ; Cable, 1994). En fait, la prémisse rationnelle devrait être remplacée par une approche qui tient compte de l'inefficacité de l'histoire, autrement dit du fait que les processus sociaux changent tellement lentement que l'équilibre des modèles basés sur des hypothèses de maximisation ne se réalise pas (Schrodt, 1985, p. 386). Le processus de réalisation des politiques gouvernementales n'est pas séquentiel. Les événements bousculent l'ordre du jour des gouvernements qui réagissent plus souvent qu'ils ne mènent le jeu. Qui plus est, des accidents de parcours ou des gestes incontrôlés, comme échapper une phrase sur les groupes ethniques le soir d'une défaite référendaire ou prendre un manifestant par le cou dans un parc à Hull, peuvent venir ébranler des mois de planification.

De cette perspective rationnelle dite réaliste, nous retenons qu'il faut étudier l'État comme intervenant international. Le courant néolibéral actuellement à la mode a fait quelque peu perdre de vue que malgré un discours promarché, les gouvernements n'ont pas renoncé à intervenir pour mieux prémunir leurs économies respectives des soubresauts de l'économie mondiale. Sporadique jusqu'aux années 1930, l'intervention de l'État dans l'économie a depuis été soutenue et étendue à pratiquement tous les secteurs de l'activité économique, elle est aussi devenue plus directe. À cause de l'internationalisation de la production, l'État est devenu banquier, commerçant, investisseur, producteur en compétition souvent avec le secteur privé (Laux et Molot, 1988). Au Canada, les gouvernements provinciaux qui ont parlé de privatisation se sont contentés de rationaliser leurs réseaux d'entreprises publiques (Stanbury, 1994 ; Bernier, 1994C). L'État, au Québec comme ailleurs, dans un contexte budgétaire difficile, continue néanmoins de se mêler d'intégration à l'économie mondiale[18]. C'est dans cette situation difficile qu'un État peut jouer un rôle majeur (Delacroix et Ragin, 1981 ; Ikenberry, 1986).

La diversité des moyens utilisés par divers pays pour compenser les mêmes crises, par exemple les chocs pétroliers des années 1970, a permis de comprendre que les facteurs internationaux et les pressions internes s'entremêlent. Les États répondent aux pressions internationales selon leur fragilité face aux marchés internationaux et les particularités de leurs systèmes politiques (Katzenstein, 1985 ; Gourevitch, 1986 ; Hicks, 1988). De même, la participation à des ententes internationales permet de stabiliser certains rapports et de diminuer l'incertitude mais réduit la marge de manœuvre pour les

---

18. C'était l'analyse proposée peu de temps après la publication de la commission Macdonald sur l'union économique canadienne dans HUDON, Raymond (1987). «Locating Canada in the International System», *Cahier du LEPA* (87-01), Université Laval. Sur le même thème, voir l'étude commandée par le Conseil canadien des chefs d'entreprises et le gouvernement du Canada à PORTER, Michael E. (1991). *Canada at the crossroads : the reality of a new competitive environment*, Ottawa, Approvisionnement et services. Pour une approche plus adaptée à la réalité canadienne, voir DEMERS, Christiane et Taieb HAFSI (1993), «Compétitivité et nation : jeux dominants et jeux périphériques», *Gestion*, 18, 3, p. 48-56.

politiques internes. Ces ouvrages ont aussi permis de comprendre que des pays, souvent petits comme la Hollande, la Belgique ou la Norvège, n'ont pas le choix de s'adapter aux pressions internationales, parce que leurs économies sont très ouvertes (Haggard et Kaufman, 1992 ; Senghaas, 1985). Les échanges avec d'autres États peuvent renforcer leur légitimité et accroître leur autonomie, ce qui semble être le cas au Québec (Latouche, 1988, p. 36). La politique extérieure peut être un domaine d'intervention dans lequel la marge d'autonomie est plus grande (Krasner, 1984 ; Nossal, 1989, p. 220 ; Black et Smith, 1993, p. 750) et les divers groupes d'intérêt ont moins d'importance que dans celui des politiques domestiques.

La littérature sur la mise en œuvre des politiques met l'accent sur l'importance des variables organisationnelles et permet une opérationnalisation de la théorie de l'État qui a pris un nouvel essor au cours de la décennie précédente. Cette approche présume qu'on peut cerner la provenance des préférences des décideurs gouvernementaux. Le test étant de mesurer si, lorsqu'ils sont confrontés à une forte opposition, ces décideurs maintiennent le cap (Krasner, 1984 ; Riddell-Dixon, 1988, p. 317). Insister sur la mise en œuvre des politiques est aussi pousser l'analyse sur ce qui fut, comme nous en parlerons plus en longueur au chapitre 4, la base légale de la contestation par les provinces du pouvoir fédéral de signer des traités internationaux dans leurs champs de compétence.

La capacité de l'État de mettre en œuvre ses politiques dépend de l'expertise développée, expertise qui varie d'un domaine d'intervention à un autre (Skocpol et Finegold, 1982). Les réalisations des gouvernements sont limitées par ce que les organismes gouvernementaux disponibles sont capables de faire. L'existence d'une fonction publique ayant acquis une expertise dans son champ d'intervention est un autre facteur qui explique la réussite des politiques gouvernementales (Goggin *et al.*, 1990). Outre ceux qui venaient de la fonction publique fédérale, la première génération de fonctionnaires québécois en affaires internationales a appris au fur et à mesure. Aussi, l'évaluation des résultats obtenus par le gouvernement du Québec doit-elle se faire à la lumière des possibilités de succès. Les politiques publiques s'attaquent parfois, avec des moyens limités, à des problèmes pratiquement impossibles à résoudre. Les constats d'échec ne peuvent forcément que suivre (Mazmanian et Sabatier, 1989). L'analyse des relations internationales doit par conséquent porter autant sur le discours que sur les activités réalisables et réalisées. Est-ce que les ententes signées par le gouvernement québécois importent plus ou moins que les énoncés de politique ?

Quel est l'impact des différents rouages administratifs québécois sur sa politique étrangère ? Est-ce qu'on devrait appliquer les trois modèles conçus par Graham Allison (1971) pour expliquer la crise de Cuba en 1962 ? Les réussites ou les échecs, les ressources limitées ou les dépenses dans le domaine des relations internationales s'expliquent-ils par les procédures du gouvernement québécois et les luttes au sommet de ses hiérarchies ?

L'étude de la politique étrangère dans ce cadre exige cependant une quantité d'information rarement disponible. On doit alors considérer non seulement le rôle du ministère des Affaires intergouvernementales, devenu celui des Relations internationales puis celui des Affaires internationales et à nouveau celui des Relations internationales, mais aussi ce que firent et font encore aujourd'hui le ministère de l'Industrie et du Commerce (Roy, 1977, p. 507), le ministère de la Technologie, celui de l'Éducation et les sociétés d'État comme Hydro-Québec, la Caisse de dépôt et la Société générale de financement[19]. Depuis le gouvernement Lesage, le cabinet du premier ministre fut lui aussi toujours étroitement lié à ces activités (Roy, 1977, p. 500). Le manque de coordination de la politique extérieure québécoise (Morin, 1987) et la complexité des interactions entre les différents organismes en cause ne simplifient pas l'analyse.

1.3. Un nouveau modèle pour étudier la politique internationale du Québec

Le modèle d'analyse des politiques que nous proposons ici a quatre volets. Il ne repose pas sur autant de données que ceux d'Allison et ne présume guère de la rationalité des acteurs. Pour comprendre les politiques gouvernementales, il faut : 1) s'interroger sur leur rationalité et sur celle des organisations gouvernementales qui en ont la responsabilité ; 2) déterminer qui sont les intervenants dans le domaine de politique choisi ; 3) tenir compte des processus ; et enfin 4) considérer le cadre structurel qui conditionne la formulation et la mise en œuvre de ces politiques. Parmi les éléments structurels à analyser, il y a l'asymétrie du système politique canadien. Un système est asymétrique lorsqu'il se compose d'éléments disparates que leurs situation, attitudes et intérêts distinguent (Dehousse, 1989, p. 293).

---

19. Selon YOUNG, FAUCHER et BLAIS (1984), la création d'entreprises publiques est un élément important des nouvelles activités étatiques provinciales. Par conséquent, leurs activités internationales doivent être considérées.

La rationalité des organisations et politiques gouvernementales

Les gouvernements font des choix en situation de grande incertitude. Leur rationalité est au mieux limitée. Plus vraisemblablement, elle est mieux représentée par le modèle dit des anarchies organisées. Parfois, les discours d'un premier ministre se contredisent parce que les rédacteurs engagés ne sont pas assez encadrés ou sont choisis surtout parce qu'ils savent dactylographier (Morin, 1991, p. 24-25). Les pays où le Québec a décidé d'ouvrir des délégations furent choisis en fonction « de leur réceptivité à l'endroit d'un État non souverain et des réactions fédérales » (Morin, 1990, p. 234). Dans une organisation anarchique, les buts ne sont pas clairs pour les membres de l'organisation, la participation de ces membres peut être fluctuante et le lien entre ce que l'organisation fait et les buts recherchés n'est pas évident[20]. Dans une telle organisation, les problèmes se cherchent des solutions, les solutions se cherchent des problèmes à résoudre et les décideurs se cherchent des décisions à prendre. Ce modèle veut expliquer les cas extrêmes de rationalité limitée[21]. Un gouvernement peut suivre les principes hiérarchiques généralement reconnus mais fonctionner avec des priorités floues et que les membres de l'organisation ne comprennent guère le lien entre les activités réalisées et les buts recherchés (Padgett, 1980).

Dans cette perspective, une organisation peut prendre des décisions en n'ayant qu'une information très limitée ou défectueuse et se perpétuer. Elle peut même prendre de très bonnes décisions. Dans le cas célèbre de la crise des missiles en 1962, le gouvernement américain a pris la bonne décision puisque la guerre nucléaire fut évitée et que la sécurité des États-Unis fut assurée par suite du démantèlement des bases de missiles soviétiques à Cuba. Mais il faut admettre que cette crise résultait d'inefficacités préalables (mauvais suivi des activités militaires à Cuba) et que la décision fut prise sans que toutes les données du problème aient été considérées : la capacité réelle de la marine américaine d'assurer un blocus naval efficace et sans dérapage, les mauvais estimés du nombre de soldats

---

20. L'exemple fréquemment utilisé est celui des universités où les professeurs doivent choisir comment prioriser enseignement et recherche, où on comprend mal ce qui fait que les étudiants apprennent (est-ce de suivre des cours, de lire des livres, de discuter ?) et où le respect des règles hiérarchiques est problématique. Pourtant les universités se perpétuent et certains paient des fortunes pour entrer à Harvard ou à Yale pour lesquelles le modèle s'applique.
21. Voir les travaux d'Herbert SIMON.

soviétiques sur l'île, le non-démantèlement des bases de missiles américains en Turquie, etc.[22]

Les intervenants

Pour comprendre les politiques publiques, il faut tenir compte de la multiplicité d'intervenants qui participent aux divers processus. Selon les politiques, le nombre d'intervenants et leur capacité de les influencer varient considérablement (Lowi, 1964). Leur nombre et la multiplicité de leurs intérêts expliquent en partie les limites de la rationalité des politiques publiques. Il faut considérer les diverses organisations gouvernementales (et les intérêts ou idées des fonctionnaires qui y travaillent) qui agissent dans un champ de politique (Allison, 1971), mais aussi le premier ministre et les autres ministres, leurs cabinets politiques, les autres politiciens, les médias, les chercheurs, les partis politiques, les intervenants dans le système qui sont liés aux parlements (Kingdon, 1995, chapitres 2 et 3). Ces acteurs ont des rôles qui varient selon leurs intérêts et leurs positions et ressources dans le système politique.

Les processus

Les politiques publiques passent par divers processus. Le modèle systémique prédominant en analyse des politiques les a divisés en processus d'émergence, de formulation, d'adoption, de mise en œuvre et d'évaluation. Ces processus sont relativement indépendants les uns des autres (Kingdon, 1995) et agissent en parallèle. Les gouvernements mettent en œuvre leurs politiques pendant qu'ils en préparent de nouvelles formulations.

John Kingdon (1995) a repris le modèle des anarchies organisées pour expliquer comment les gouvernements parviennent à choisir de s'occuper de certains enjeux et de délaisser d'autres questions tout aussi pressantes. Selon son approche, trois flux existent séparément : le flux des problèmes, celui des solutions et celui de la vie politique. Les problèmes peuvent exister sans que des solutions existent pour y répondre. De la même façon, des solutions existent sans que personne ne sache à quels problèmes les appliquer. Finalement, un événement généralement dans le flux de la vie politique, par exemple un changement de gouvernement, de ministre ou un

---

22. Sur ce sujet, la littérature s'est développée après l'effondrement du mur de Berlin et l'accès aux archives soviétiques. Voir entre autres BLIGHT, James G. et David A. WELCH (1990). *On the Brink, Americans and Soviets Reexamine the Cuban Missile Crisis*, New York, Noonday.

nouveau sondage, peut ouvrir une fenêtre d'opportunité. Une solution disponible peut alors être pairée à un problème.

Le cadre structurel

Les politiques gouvernementales sont formulées dans des communautés spécialisées. Au sein de ces communautés où politiciens et
fonctionnaires sont des participants actifs, les différentes possibilités
sont soupesées, discutées et rediscutées. Lorsqu'un problème
requiert l'attention du gouvernement et que la vie politique le
permet, une fenêtre d'opportunité s'ouvre qui permet d'attacher la
solution mise de l'avant par la communauté au problème à résoudre.
Cette fenêtre peut s'ouvrir parce que divers événements politiques
se produisent : changement de ministre, élection, etc., mais aussi par
accident ou par chance[23]. Les flux sont joints à des moments critiques dans le temps et ce sont ces couplages qui produisent les grands
changements de priorités. Une fenêtre d'opportunité n'est ouverte
que pour un court laps de temps, jusqu'à ce que la vie politique
change et que d'autres problèmes attirent l'attention.

L'émergence des politiques ne résulte pas d'un processus de
planification prévisible, mais dépend du couplage de courants qui ne
sont pas forcément liés (Kingdon, 1995). Les problèmes sociaux
auxquels s'intéressent soudainement les gouvernements existent
parfois depuis des décennies avant de devenir des enjeux politiques.
De même, certaines solutions possibles sont étudiées dans des communautés de spécialistes, à l'intérieur ou à l'extérieur des gouvernements, sans être pour autant appliquées aux problèmes sociaux.
Aussi, certains événements politiques comme les élections apportent
parfois des changements aux politiques publiques.

Pour qu'une nouvelle politique soit adoptée par un gouvernement, il faut qu'une fenêtre d'opportunité s'ouvre, c'est-à-dire qu'un
problème soit reconnu comme tel par le système politique, qu'une
solution fasse consensus dans la communauté spécialisée qui s'y
intéresse, que le climat politique soit mûr pour un changement et
que les contraintes environnementales n'empêchent pas ce changement (Kingdon, 1995). Selon ce modèle, les gouvernements prennent
des décisions malgré des objectifs flous, une participation fluctuante

---

23. Ceci est un résumé du modèle développé par Kingdon (1995). Ce modèle a
    été choisi ici parce qu'il offre une explication plus dynamique de l'adoption
    des politiques que les modèles antérieurs. Le choix du modèle de Mazmanian
    et Sabatier (1989) fut fait pour la même raison.

de leurs membres aux décisions et une connaissance limitée des résultats à attendre des efforts à entreprendre.

Les études sur la politique extérieure ont beaucoup porté sur la recherche d'un statut international par le Québec (voir Painchaud, 1980). Les discours ministériels, les énoncés de politique et les budgets ont été scrutés. Pourtant, la mise en œuvre des politiques publiques est aussi importante que leur formulation. Les facteurs mêmes qui facilitent ou rendent plus difficile la mise en œuvre n'ont pourtant guère fait l'objet d'études. Tous les points soulevés par Lisée (1990) sont des problèmes de mise en œuvre des politiques publiques, laquelle est aussi importante que leur formulation. Réussir à faire passer une loi ou faire accepter un énoncé de politique est une chose, réussir sa mise en œuvre en est une autre. Entre ce qui peut être fait légalement, ce qui peut être fait techniquement et ce qui peut être fait politiquement, il y a des différences. Il est illusoire de penser que les politiques publiques fonctionnent parce que des lois sont passées (Pressman et Wildavsky, 1984 ; Rein et Rabinovitz, 1978). Comme l'écrivait Tolstoï dans *Guerre et Paix* : « La force qui met les peuples en mouvement n'est pas le pouvoir des héros ou des souverains mais le résultat de nombreuses forces différemment orientées. » La mise en œuvre pose un dilemme : un gouvernement peut choisir de la contrôler en ne déléguant guère, et courir ainsi le risque que très peu se fasse, ou décider au contraire de beaucoup déléguer, auquel cas il risque de perdre le contrôle sur ce qui est mis en œuvre (Linders et Peters, 1987, p. 469). Les variables organisationnelles et les mécanismes de coordination entre les organisations responsables de la mise en œuvre sont à considérer (Palumbo et Calista, 1987). Le type d'interdépendance des organisations gouvernementales entre elles explique aussi en partie la réussite de la mise en œuvre des politiques gouvernementales (O'Toole et Montjoy, 1984). Une autre difficulté est d'essayer de prévoir quels seront les effets des démarches entreprises. On doit tenir compte des délais et des difficultés techniques qui peuvent survenir (Pressman et Wildavsky, 1984). Les ouvrages sur la mise en œuvre soulignent également qu'il faut évaluer l'impact des politiques publiques sur des périodes d'au moins dix si ce n'est vingt ans (Sabatier, 1986).

Mazmanian et Sabatier (1989) proposent un modèle intégré pour étudier la mise en œuvre des politiques publiques. Les gouvernements doivent considérer : 1) la tractabilité des enjeux qu'ils cherchent à résoudre (problèmes techniques, caractéristiques du changement désiré, cibles, etc.) ; 2) comment les lois et énoncés de politique encadrent la mise en œuvre (clarté des objectifs, responsabilités, ressources investies, etc.) ; et 3) les diverses variables qui peuvent intervenir (voir le graphique 1.1). Comme le relevait le rapport Bergeron (1988) dans sa synthèse de l'évaluation du réseau des délégations, les différents enjeux auxquels doivent s'attaquer les délégations du Québec illustrent les difficultés de tractabilité ou de solvabilité propres à tous les enjeux de politique internationale (voir au chapitre 6, le tableau 6.2). Ils sont nombreux, les interlocuteurs également et le personnel pour y répondre est rare. Mazmanian et Sabatier proposent une typologie comprenant quatre cycles potentiels de mise en œuvre, qui correspondent chacun à un amalgame différent des mêmes variables : 1) une politique peut être réussie ; 2) elle peut s'éroder graduellement ; 3) elle peut, au contraire, progresser lentement ; ou 4) elle peut, après des débuts difficiles, connaître un second souffle une fois que les erreurs initiales ont été corrigées. Comme nous l'illustrons dans le graphique 1.1, le flux des problèmes devient, lors de l'adoption d'une politique, une question de tractabilité du problème à résoudre à la mise en œuvre, la solution devient ce qu'il faut mettre en œuvre et la vie politique se poursuit en ayant un impact sur la mise en œuvre.

Pour une nouvelle organisation comme le ministère des Affaires internationales et ceux qui l'ont précédé, la première difficulté est de se faire accepter par les autres organisations gouvernementales œuvrant sur les mêmes dossiers (Ritti et Silver, 1986 ; Singh, Tucker et House, 1986) et de plus retrouver dans ce domaine les traces d'un entreprenariat public qui réussit à en imposer au ministère (Lewis, 1980 ; Corwin, 1983).

La thèse que nous exposerons dans cet ouvrage repose sur deux constats majeurs : premièrement, au Québec, la formulation de la politique internationale n'a pas guidé la mise en œuvre mais s'est faite en parallèle avec celle-ci. Les lois et les énoncés de politique furent rares et confus, ce qui a laissé aux fonctionnaires responsables de la mise en œuvre l'obligation de redéfinir au fur et à mesure ce qu'ils devaient faire. Cette mise en œuvre fut de plus compliquée par la difficile tractabilité des enjeux à résoudre. Deuxièmement, l'organisation responsable de cette politique publique, le ministère des Affaires internationales (MAI), n'a jamais réussi à développer un cœur technologique, les autres ministères pouvant revendiquer chacun une part de responsabilité dans cette politique. Le cadre d'analyse que nous proposons permet donc de tenir compte des trois environnements qui forgent la politique étrangère : l'international, le domestique et le gouvernemental (Rosenau, 1987, p. 1 ; Black et Smith, 1993, p. 769).

Graphique 1.1
Modèle intégré d'analyse des politiques gouvernementales (schéma partiel)

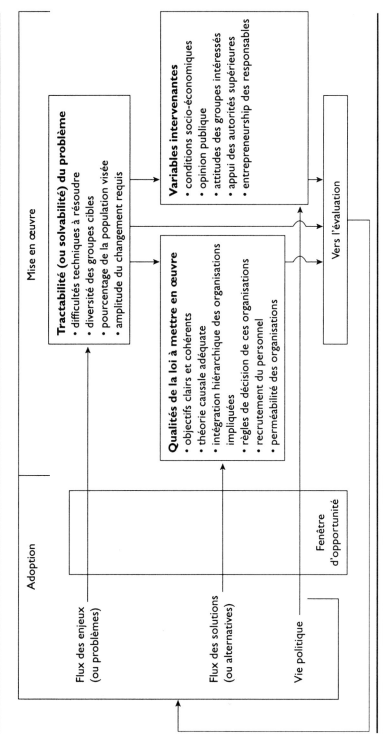

Sources : KINGDON (1995), MAZMANIAN et SABATIER (1989).

La Révolution tranquille : l'ouverture de la fenêtre d'opportunité 2

Pour qu'une politique publique soit adoptée par un gouvernement, il faut que le problème à résoudre soit reconnu comme tel, qu'une solution à ce problème soit disponible et qu'un élément déclencheur de la vie politique rende possible d'attacher cette solution à ce problème. C'est généralement le travail d'un ou de plusieurs entrepreneurs que de faciliter ce pairage d'une solution à un problème ou de faire que les conditions politiques changent (Kingdon, 1995). Le résultat dépend donc d'un ensemble d'éléments difficilement prévisibles. Il est aussi fort possible que les conditions ne soient pas réunies et qu'une nouvelle politique n'émerge pas. Pour qu'il y ait une politique, il faut que ces éléments soient présents afin qu'une fenêtre d'opportunité s'ouvre. Dans ce domaine comme dans d'autres, la fenêtre fut ouverte au cours de la Révolution tranquille.

Ce que nous voulons faire dans ce chapitre, c'est moins relater l'histoire de la Révolution tranquille qui est bien documentée qu'illustrer la fragilité de la politique internationale du Québec à ses premières heures. Pour que le Québec devienne actif sur la scène internationale, il a fallu une série d'événements politiques qui, cumulativement, sont devenus la Révolution tranquille. Mais elle ne fut pas inéluctable, loin de là. Sans la mort de Maurice Duplessis et celle de son successeur Paul Sauvé cent jours plus tard, l'Union nationale aurait remporté les élections de 1960. Jean Lesage aurait été un autre malheureux chef libéral dans l'Opposition pour encore quelques années et les relations internationales du Québec auraient végété[1].

Dans ce chapitre, il est premièrement question de ce qu'étaient les relations internationales du Québec avant la Révolution tranquille, deuxièmement, de ce que la création de l'État du Québec moderne a changé, troisièmement, de comment modernisation et internationalisation furent liées et, finalement, des conséquences et des suites de ce qui s'est passé au début des années 1960. Ce chapitre reprend l'idée du premier chapitre : l'État québécois est l'acteur principal dans le domaine international, ce qui le distingue des autres entités non nationales. Selon Morin (1994, p. 176), le Québec ne pouvait guère se baser sur des précédents historiques heureux pour appuyer sa démarche internationale en 1965, car nulle part sur terre on ne pouvait trouver un précédent correspondant à ce que le Québec voulait faire. Cet État entreprit ses efforts dans le domaine de façon relativement autonome de la société québécoise, que la question n'intéressait guère. Dans ce chapitre, nous témoignons aussi de l'anarchie relative qui présida à ces premiers efforts alors que les ressources disponibles étaient quasi inexistantes.

2.1. L'ouverture sur le monde, avant et après 1960

Avant la Révolution tranquille, s'il y eut des efforts du gouvernement du Québec en politique étrangère, il faut constater qu'ils furent des plus modestes (Beaudoin, 1977). Jusque-là sans personnel spécialisé ou si peu, par conservatisme ou manque d'imagination, l'État québécois fut passif sur la scène internationale comme en économie, en éducation, etc. Ce n'est qu'à partir de 1960, « que l'on est en droit de parler de politique québécoise dans ce domaine » (Malone, 1974, p. iii).

Les premières tentatives du gouvernement du Québec pour développer ses relations internationales remontent aussi loin que le siècle dernier[2]. Une agence du Bas-Canada a existé à Londres de 1816 à 1833 (Balthazar *et al.*, 1993, p. 13). En 1882, le gouvernement

---

1. Pour certains cadres du ministère, l'ouverture de la délégation à New York est le véritable début des relations internationales du Québec parce qu'au-delà de l'idéologie, ouvrir la délégation à New York, c'était reconnaître la réalité économique et s'y adapter.
2. Sur les relations internationales du Québec avant 1960, voir HAMELIN (1969), BEAUDOIN (1977) et NODA (1989, p. 12-24).

nomma Hector Fabre au poste de représentant à Paris en matière d'économie et d'immigration. Fabre devait également devenir le délégué du Canada à Paris, où les premiers ministres du Québec se sont rendus à quelques reprises avant la fin du XIXᵉ siècle. L'agent du Québec devient alors aussi celui du Canada pour devenir plus tard le représentant exclusif du Canada. Québec décida en 1908 d'ouvrir un bureau à Londres, bureau qui ne devint cependant fonctionnel qu'en 1911, et un autre à Bruxelles, en 1915. Le bureau de Paris ferma ses portes en 1912, celui de Bruxelles en 1933 et celui de Londres en 1935.

En 1940, le gouvernement Godbout décida de confier à son tout nouveau bureau de New York non seulement le mandat de traiter des questions économiques et commerciales, mais aussi celui d'attirer les touristes américains incapables de visiter l'Europe en raison de la guerre. Le premier représentant y fut nommé en 1943 et relevait du ministère de l'Industrie et du Commerce. Lorsque Duplessis redevint premier ministre en 1944, il ne ferma pas le bureau de New York, mais ne démontra aucun intérêt pour les affaires étrangères. Si l'on fait exception du bureau de New York, la politique étrangère moderne du Québec dut être rebâtie de zéro au cours des années 1960. Outre les modestes tentatives en Europe, c'est l'Église catholique qui a alors un réseau international dans lequel, la Révolution tranquille venue, le gouvernement puisera ses premiers cadres (Gérin-Lajoie, 1989). Le gouvernement en récupérera d'autres dans la fonction publique fédérale, comme Jean Chapdelaine qui fut délégué général du Québec à Paris pendant plus de dix ans. Au début de la Révolution tranquille, les structures administratives étaient assez improvisées partout au gouvernement, pas seulement en international (Morin, 1991, p. 97). Comme Lapalme (1973, p. 97) le raconte dans ses mémoires, tout restait à faire au début des années 1960, de l'organisation des ministères au protocole.

Il n'est possible de parler de volonté étatique qu'avec la Révolution tranquille alors que l'État québécois devient « enfin l'interlocuteur de la société qu'il encadre » (Roy, 1977, p. 498). Il est difficile de comprendre la politique étrangère du Québec si l'on ne considère pas tout le processus de modernisation politique qui eut lieu au Québec durant cette décennie[3]. Pour que le Québec se lance au moyen de son ministère de l'Éducation dans le champ des relations

---

3. Entretien avec Paul Gérin-Lajoie, mars 1994. Voir aussi Claude Morin (1994), chapitres 8 et 9.

internationales, il faut d'abord qu'il y ait un ministère de l'Éducation et non le pitoyable département de l'Instruction publique qui le précéda. La Révolution tranquille est cette période de changements accélérés pendant laquelle la construction de l'État fut liée à l'essor du nationalisme. La politique étrangère québécoise a été mise sur pied par un gouvernement qui jugeait que le Québec était en retard sur l'Europe et le reste de l'Amérique du Nord du point de vue de son développement politique et administratif.

C'est la mort de Duplessis qui a précipité la Révolution tranquille et qui a permis, dans le domaine international comme dans d'autres, qu'une nouvelle politique émerge. Paul Sauvé, qui succéda à Maurice Duplessis, mit en place les premières réformes, mais mourut après seulement cent jours au pouvoir. Avec Jean Lesage, qui devint premier ministre en 1960, le rythme des transformations s'accentua. La formulation de la politique internationale s'est faite non pas après une analyse rationnelle de la situation mais parce que la Révolution tranquille se faisait sur un mode de rattrapage accéléré par rapport au développement ailleurs en Amérique du Nord. C'est à cette période mythifiée de l'histoire de l'administration publique québécoise que les fonctionnaires qui travaillent aujourd'hui à mettre en œuvre cette politique renvoient pour expliquer ce qu'ils font. On verra que ce qu'il faut faire ne fut pas clairement défini, sauf dans quelques discours.

2.2. La création de l'État moderne au Québec

Au moment du décès de Duplessis, les institutions politiques en général et l'État en particulier n'ont pas adéquatement suivi les transformations sociales. Le Québec était devenu une société urbaine et industrialisée, mais les institutions politiques du siècle précédent demeuraient intactes. Le politique accusait un retard sur la réalité sociale (Trudeau, 1956, p. 90). Les Libéraux prirent le pouvoir aux élections de 1960 et déclenchèrent une série de réformes dont il n'était guère question dans leur programme électoral. Placés devant le fossé existant entre ce qu'il y avait à faire et les moyens limités dont ils disposaient pour gouverner, ils devinrent des réformistes et radicalisèrent leur message nationaliste. Leur programme politique pour 1960 ne faisait pas état des relations internationales, sauf une ligne sur la nécessité de prendre soin des communautés canadiennes-françaises hors Québec. C'est une fois qu'il fut ministre de l'éducation que Gérin-Lajoie vit la nécessité de coopérer avec la

France pour régler des problèmes du système scolaire mis sur pied[4]. Ce n'est qu'ensuite qu'il a énoncé le principe dans un discours. Les gestes concrets ont précédé la formulation.

L'expression « Révolution tranquille » englobe trois notions : une révolution idéologique qui vit naître un nouveau nationalisme, le transfert de pouvoirs et de responsabilités vers l'État et la confrontation entre l'État et les élites traditionnelles qui contrôlaient jusqu'alors la société québécoise (McRoberts, 1993).

Premièrement, la Révolution tranquille était d'abord idéologique. Il s'agissait pour l'État provincial de devenir l'instrument qui permettrait la « libération » de la nation canadienne-française. Le nationalisme, qui s'était jusqu'alors attaché à préserver un passé idyllique, c'est-à-dire l'époque d'avant la Conquête, à glorifier la vie rurale et à entretenir un esprit religieux de mission providentielle en Amérique du Nord, cessa d'être aussi défensif de nature. Le terme à la mode était « rattrapage » – rattrapage du retard accumulé par rapport aux autres nations industrialisées et rattrapage du temps perdu. Cette nouvelle idéologie promouvait la réconciliation – longtemps évitée – entre le nationalisme et le développement social et économique (McRoberts, 1993), en d'autres termes la valorisation de l'État comme outil de modernisation.

Deuxièmement, la Révolution tranquille est l'exemple le plus patent de la montée d'un État non national au Canada. Avec leurs pouvoirs limités, certaines provinces se sont tout de même imposées en tant « qu'institutions matures et complexes davantage capables de gouverner dans l'intérêt de communautés régionales[5] ». Ce phénomène d'émergence des États provinciaux (en anglais, *province-building*) témoigne d'une conscience, chez certains gouvernements provinciaux, que la restructuration économique et industrielle exige des initiatives élaborées et dirigistes (Young *et al.*, 1984). Le Québec a exercé son droit de retrait dans certains cas afin de réaffirmer ses prérogatives dans les matières relevant de sa compétence. Les années 1960 ont été marquées par une grande vague d'institutionnalisation. De nouveaux ministères et de nouveaux organismes administratifs virent le jour. L'impulsion initiale fut de créer en international, comme dans d'autres domaines, un réseau pour étendre les limites de l'État québécois (voir Simard, 1977). C'est aussi l'analyse de Latouche (1988) : le ministère des Affaires intergouvernementales

---

4. Entrevue avec Paul Gérin-Lajoie réalisée par Malone (1974, p. 108).
5. Notre traduction de Chandler, Marsha et William M. Chandler (1979). *Public Policy and Provincial Politics*, Toronto, McGraw-Hill, Ryerson, p. 8.

fut dans le gouvernement du Québec, le premier ministère à avoir une vocation de coordination. Latouche y voit le signe d'une institutionnalisation agressive de la part d'un État cherchant à augmenter son pouvoir. Cette internationalisation se serait faite en partie pour des raisons de régie interne.

Avec le gouvernement Lesage au pouvoir, l'État québécois prit de l'expansion dans deux secteurs de l'économie : les ressources naturelles avec Hydro-Québec, Rexfor, Soquem, Soquip, etc. et le monde de la finance avec la Caisse de dépôt et placement du Québec, la SGF et la SDI. Le gouvernement Johnson, après la défaite de Lesage en 1966, ne parvint pas à stopper les réformes (ou ne désirait pas le faire). Certaines réformes prirent même de l'ampleur. Pendant les années 1970, on procéda à des remaniements, et certains ministères furent fusionnés ou rebaptisés. Au cours de la première moitié des années 1980, les changements structurels se poursuivirent, souvent improvisés (Ambroise, 1987).

Troisièmement, l'État québécois fut confronté à trois institutions qui dominaient alors la société québécoise : l'Église catholique, en matière de santé et d'éducation, la bourgeoisie anglophone de Montréal et Toronto, en matière économique, et le gouvernement fédéral, en matière politique. L'affrontement avec l'Église catholique sur la santé et l'éducation ne dura que quelques années. En 1965, le ministère de l'Éducation avait vu le jour et, en 1971, l'assurance-maladie était complètement implantée. La montée d'une bourgeoisie francophone mit un terme, au début des années 1980, aux débats entourant le contrôle de l'économie québécoise. La modernisation du Québec, après 1960, se heurta aussi au gouvernement fédéral, qui avait déjà fait le saut dans la modernité (Guindon, 1978). La légitimité de l'État fédéral fut remise en question, et l'est encore à ce jour. La question de la redistribution des compétences législatives entre Ottawa et Québec se trouve au cœur même du conflit constitutionnel des trois dernières décennies, et demeure sans réponse. L'électorat québécois a envoyé un fort contingent souverainiste (54 députés du Bloc québécois sur 75 circonscriptions) à la Chambre des Communes du Canada en 1993, a porté au pouvoir le Parti québécois à Québec en septembre 1994 et n'a perdu que par un souffle le référendum de 1995. Dans les trois cas, ces verdicts accentuent la pression en vue d'une résolution de l'énigme constitutionnelle.

Les réformes ne furent pas toutes populaires auprès de l'opinion publique. Si elle est désormais acquise aux réformes et ne reviendrait pas en arrière, elle ne le fut pas toujours. On put observer durant les années 1960 des réactions hostiles devant la laïcisation partielle de l'éducation, devant l'intervention de l'État dans l'économie et devant les efforts visant à imposer des normes nationales. Lesage perdit le pouvoir en 1966, en sièges sinon en votes. Le gouvernement devait composer à la fois avec une multitude de gens pour qui les changements se produisaient trop vite et avec une poignée de gens pour qui les transformations mettaient trop de temps à arriver et qui choisirent de recourir à la violence.

2.3. Modernisation et internationalisation

Dans les premières années de la politique étrangère québécoise, trois événements retiennent l'attention : la mise en place de la délégation générale du Québec à Paris en 1961, la formulation d'une doctrine par Paul Gérin-Lajoie en 1965 et la conclusion, pour la première fois, de deux ententes avec le gouvernement français en matière d'éducation.

En octobre 1961, Jean Lesage et neuf de ses ministres allèrent à Paris inaugurer la délégation générale du Québec. Dans son discours, qui constitue la première formulation d'une politique étrangère embryonnaire, Jean Lesage employa les mots « l'État du Québec » pour souligner le fait que le Québec, bien qu'il ne fût pas un pays à part entière, était plus qu'une simple province. Il ajouta que la nation canadienne-française pouvait se servir de l'État provincial comme d'un levier pour affronter la menace de l'assimilation culturelle nord-américaine. Lesage poursuivit en disant que la délégation à Paris sera « le prolongement de l'action que nous avons entreprise dans le Québec même ». Il aborda ensuite brièvement la séparation des pouvoirs, l'esprit de collaboration entre le fédéral et le Québec et conclut que le Québec participerait à l'effort international pour la paix[6].

Un bureau commercial existait déjà à New York, mais le gouvernement voulait que la première délégation de son nouveau réseau soit à Paris, au cœur de l'espace économique européen. Il fut d'autant plus facile de choisir Paris que le gouvernement français se montra plus que coopératif. S'il est vrai qu'en diplomatie le protocole compte autant que le contenu, l'attention exceptionnelle consentie par le

---

6. Jean LESAGE, « Inauguration de la Maison du Québec », Paris, le 5 octobre 1961.

gouvernement français aux visiteurs québécois illustre bien l'importance que la France accorde à ses relations avec le Québec[7]. Un seul incident, causé par l'inexpérience et une mauvaise planification, vint entacher la visite. Jean Lesage devait déposer une couronne sur la tombe du soldat inconnu, sous l'Arc de triomphe, mais personne de la délégation québécoise n'avait pensé à en apporter une. Lesage prit son chapelet dans sa poche et le déposa en lieu et place de la couronne (Thomson, 1990, p. 122).

Bien que Lesage se montrât novateur, son discours n'entraîna pas tellement de réactions du gouvernement canadien d'alors. En revanche, l'un de ses ministres principaux, Paul Gérin-Lajoie, devait faire des vagues en 1965. Lesage fit dans ce dossier comme dans d'autres, il ne prit pas l'initiative mais donna son aval et facilita son aboutissement souvent après s'être opposé, comme ce fut le cas pour la nationalisation d'Hydro-Québec ou la création du ministère de l'Éducation.

Le ministre de l'Éducation Paul Gérin-Lajoie prononça deux discours, un devant le corps consulaire à Montréal, le 12 avril 1965[8], et l'autre devant des professeurs d'université français, belges et suisses, le 22 avril 1965. Pour la première fois, un ministre important affirmait, devant des représentants étrangers, la volonté du Québec de développer des activités internationales sans le consentement ou la supervision du gouvernement canadien. Sur ce discours devant le corps consulaire, Gérin-Lajoie (1989, p. 325) écrit dans ses mémoires qu'André Patry en fit l'ébauche et qu'il ne fit que des retouches[9]. La doctrine juridique concernant les activités internationales du Québec tient en une expression qui résume la thèse du discours : « le prolongement international des compétences internes du Québec[10] ». En fait, ce que Gérin-Lajoie a dit, c'est :

---

7. De Gaulle reçut le successeur de Lesage, Daniel Johnson, avec encore plus de panache en 1967. On le traita comme Lester B. Pearson, alors premier ministre du Canada lors de sa visite. Tiré de NODA (1989), page 43.
8. Le texte de ce discours est disponible dans MARTIN et TURCOTTE (1990, p. 101-106).
9. Gérin-Lajoie employa les mots « prolongement sur le plan externe » en 1967 durant le débat portant sur la création du ministère des Affaires intergouvernementales. Tiré de Québec, Assemblée nationale, *Journal des débats*, 2e session, 28e législature, le 13 avril 1967, page 2176 mais pas dans son discours de 1965.
10. MORIN (1991, p. 195) ajoute que les passages célèbres furent écrits par Gérin-Lajoie lui-même.

Le Québec n'est pas souverain dans tous les domaines : il est membre d'une fédération. Mais il forme, au point de vue politique, un État. Il en possède tous les éléments : territoire, population, gouvernement autonome. Il est, en outre, l'expression politique d'un peuple qui se distingue, à nombre d'égards, des communautés anglophones habitant l'Amérique du Nord.

J'irai jusqu'à dire que le Québec commence seulement à utiliser pleinement les pouvoirs qu'il détient. Ce n'est pas parce qu'il a négligé dans le passé d'utiliser ces pouvoirs, qu'ils ont cessé d'exister. Dans tous les domaines qui sont complètement ou partiellement de sa compétence, le Québec entend désormais jouer un rôle direct, conforme à sa personnalité et à la mesure de ses droits.

[...] la détermination du Québec de prendre dans le monde contemporain la place qui lui revient et de s'assurer, à l'extérieur autant qu'à l'intérieur, tous les moyens nécessaires pour réaliser les aspirations de la société qu'il représente.

C'est cette doctrine qui guide encore aujourd'hui la politique internationale du Québec[11]. C'est ce discours prononcé devant les membres du corps diplomatique, le 12 avril 1965, à Montréal qui causa le plus de remous. Gérin-Lajoie, expliquant la Révolution tranquille, dit que le Québec intensifierait ses actions de nature internationale comme il le faisait à l'intérieur de ses frontières dans d'autres domaines. Il proposa que l'on renverse la procédure traditionnellement employée et que le Québec négocie et signe lui-même les ententes qu'il voulait voir mettre en place au lieu de suivre Ottawa. Il souligna que, depuis le *Statut de Westminster*, en 1931, rien n'indiquait que le gouvernement fédéral avait seul la charge des affaires internationales. Il ajouta enfin qu'il fallait qu'une révolution constitutionnelle se produisît.

Le 22 avril 1965, Gérin-Lajoie prononce son second discours. Il explique alors à un groupe de professeurs d'université français, belges et suisses que, si Ottawa peut signer des traités, il est aussi vrai que, bien souvent, ce sont les provinces qui donnent effet à ces traités. Comme c'est le Québec qui doit mettre en œuvre les traités

---

11. Voir MACE, BÉLANGER et BERNIER (1995, p. 138). Paul GOBEIL (1988, p. 5) cite ce discours lorsqu'il présente le projet de loi créant le MAI. C'est en citant ce discours que Bernard LANDRY commence et conclut son discours référendaire du 12 octobre 1995 devant le Conseil des relations internationales de Montréal intitulé « La personnalité internationale du Québec : Bilan et perspectives ».

qu'il conclura avec les gouvernements étrangers, Gérin-Lajoie estime qu'il doit aussi les négocier. Il ajoute encore que le Québec doit développer ses propres services extérieurs parce qu'il n'est pas assez bien représenté par le gouvernement fédéral à travers le monde et parce que les services extérieurs fédéraux ne sont pas ouverts à la civilisation française. Gérin-Lajoie conclut que le Québec, qui n'est pas une province comme les autres, ne ferait ainsi qu'occuper les champs politiques qu'il a jusque-là négligés.

La question réside dans l'interprétation qui est faite de l'*Acte de l'Amérique du Nord britannique*. Si l'on y voit non pas la constitution d'un pays souverain mais les règles de partage des pouvoirs entre deux paliers de gouvernement au sein de l'empire, alors les provinces canadiennes peuvent avoir des activités internationales en propre. Ce n'est pas l'interprétation que faisait le gouvernement fédéral (Malone, 1974, p. 118-119). La question des pouvoirs internationaux du Québec ne s'est pas posée avant la Révolution tranquille. Depuis, toute la jurisprudence internationale a été invoquée sans qu'une interprétation claire ne puisse en être tirée (Jacomy-Millette, 1977). On retourne plus facilement à l'étude de la base juridique du litige qu'à sa solution.

Ce qui est intéressant dans la doctrine Gérin-Lajoie, c'est qu'elle n'est devenue la politique officielle du gouvernement davantage par accident qu'après un long processus de formulation et de coordination. Lors du premier discours, Lesage était en vacances à l'extérieur du Québec et ne put être mis au courant de l'interprétation pour le moins nouvelle faite par Gérin-Lajoie de la *Constitution* canadienne. Il aurait pu rabrouer son ministre d'un fédéralisme moins orthodoxe que le sien. Des journalistes demandèrent à Lesage, à sa descente de l'avion, au moment de son retour à Québec, ce qu'il pensait des propos de Gérin-Lajoie. Il déclara être en total accord avec son ministre. Gérin-Lajoie n'avait selon lui qu'exprimé le point de vue du gouvernement (Morin, 1991, p. 195-196). Si Lesage avait rabroué son ministre, la politique internationale du Québec était mort-née. Il lui donna son aval, ce qui étonna les fonctionnaires présents, plus habitués aux démentis du chef dans les cas où ses ministres n'avaient pas respectueusement demandé et obtenu son accord avant de faire une déclaration publique (Morin, 1987, p. 30-31). En fin de compte, ce qui devait devenir une pierre angulaire dans l'édification de l'État du Québec fut élevé au rang de politique officielle du gouvernement parce que le premier ministre était de bonne humeur à l'aéroport de Québec.

Il faut cependant noter que Gérin-Lajoie ne s'éloignait pas à ce moment des précédents énoncés de politique de son gouvernement[12]. Ce qui a donné un poids particulier à ce discours, c'était le fait que Gérin-Lajoie était un constitutionnaliste réputé et que son opinion sur les compétences des provinces était très respectée. Les discours de Gérin-Lajoie ont suivi la conclusion d'ententes avec la France, en 1965. Le gouvernement du Québec appelle « ententes » tous les accords liant la province et des gouvernements étrangers. L'usage de ce terme découle d'un différend entre le Québec et le gouvernement fédéral : ce dernier s'opposait en effet à l'usage par les provinces de certains termes utilisés en relations internationales, comme « traités ». Les deux discours de Gérin-Lajoie et la conclusion des deux ententes constituent les fondements de la politique étrangère du Québec.

Il n'y avait au début des années 1960 guère d'organisation pour mettre en œuvre ces premiers éléments de politique internationale. Au départ, les actions internationales du Québec étaient coordonnées par le premier ministre puis par la Commission interministérielle des relations extérieures, mise sur pied en août 1965, qui réunissait les sous-ministres de tous les ministères susceptibles de développer une politique internationale. Au début des années 1960, ce qui allait devenir tout d'abord le ministère des Affaires intergouvernementales, puis le ministère des Affaires internationales n'était qu'une section du plus petit de tous les ministères, celui des Affaires fédérales-provinciales.

Les actions internationales du Québec trouvent leurs origines dans une volonté du gouvernement. Celle-ci n'émane pas de pressions populaires ni d'intérêts privés. Elle provient de quelques fonctionnaires et de quelques ministres. Cette ouverture sur le monde résulte d'une vision pragmatique, tout autant que le choix des pays où le Québec décida d'ouvrir des bureaux selon les fonctionnaires et les politiciens interviewés. Elle origine de l'analyse voulant que, pour se moderniser, le Québec devait étudier les transformations qui se produisaient à travers le monde, afin d'y trouver l'expertise qu'il ne possédait pas.

Après la victoire de l'Union nationale en 1966, Daniel Johnson père, qui avait qualifié dans l'Opposition la politique internationale de « dépenses fastueuses » découlant de la « politique de grandeur » de Lesage (Morin, 1991, p. 216, 225), continua celle-ci. Il allait même être associé à son rebondissement le plus spectaculaire un soir d'été

---

12. Entretien avec Paul Gérin-Lajoie, mars 1994.

1967. C'est aussi sous Johnson que la loi de 1967 donna naissance au ministère des Affaires intergouvernementales qui devait compenser les lacunes organisationnelles du début. Dans son discours à l'Assemblée nationale, Johnson annonça que le ministère allait mettre un terme à la dispersion entre divers ministères des responsabilités en ce qui concerne l'action extraterritoriale. Ce faisant, selon lui, le Québec ne faisait « qu'occuper pleinement tous les domaines de sa compétence[13] ».

La politique internationale du Québec doit beaucoup à Jean Chapdelaine qui fut le second délégué du Québec à Paris. Il avait été ambassadeur du Canada en Égypte, formé par le gouvernement fédéral et il savait décoder le jeu diplomatique. Ce fut lui qui comprit l'importance de l'offre faite par l'ambassadeur français Bousquet de demander une audience à de Gaulle lors de la visite de Gérin-Lajoie à Paris (Gérin-Lajoie, 1989, p. 324).

Gérin-Lajoie avait entrepris les relations internationales du Québec dans un champ de compétence qui ne faisait pas de doute. Même Bertrand, moins autonomiste que ses deux prédécesseurs et peu intéressé par les questions internationales, décida de continuer sur ce terrain quoique avec des nuances et des précautions (Morin, 1991, p. 313, 321 ; Malone, 1974, p. 202). C'est un de ses ministres, Marcel Masse, aujourd'hui délégué général du Québec à Paris, qui garda un ton combatif vis-à-vis d'Ottawa alors que Bertrand espérait en le nommant mettre une sourdine à cet enjeu (Malone, 1974, p. 207). Les premiers ministres qui se sont succédé à Québec n'ont pas toujours voulu entretenir les hostilités avec Ottawa dans les questions touchant les relations internationales. Par tempérament, Jean-Jacques Bertrand était moins belliqueux que Jean Lesage. C'est pourtant Bertrand qui, face à Trudeau, qui s'opposait à la participation à une conférence à Niamey II (celle qui mena à la création de l'Agence de coopération culturelle et technique), réaffirma la position québécoise dans un vocabulaire que le gouvernement Lesage aurait utilisé (lettre citée par Malone, 1974, p. 83).

Premièrement, la présence et l'action du Québec doivent être clairement identifiées.

Deuxièmement, le Québec doit pouvoir parler en son nom et prendre ses propres engagements dans les matières de sa compétence.

---

13. Tiré du *Journal des débats*, II session, 28e législature, le 13 avril 1967, page 2167.

Troisièmement, les procédures de vote doivent refléter cette dualité en prévoyant une abstention obligatoire en cas de désaccord dans les matières de compétence québécoise.

Quatrièmement, les statuts de l'agence doivent s'inspirer des mêmes principes et permettre une participation directe du Québec aux travaux de l'agence.

La réponse de Trudeau le 12 février 1970 fut de s'accommoder d'un arrangement ad hoc et purement pratique (Malone, 1974, p. 84). Le débat se poursuivit après l'élection du gouvernement Bourassa le 29 avril 1970 pour finir par un accord signé en octobre 1971, moins de deux semaines avant une rencontre de l'Agence tenue au Canada. Cet accord ne donnait aucun statut constitutionnel particulier au Québec dans ce domaine (Malone, 1974, p. 90-96).

Robert Bourassa préféra diminuer la tension entourant ses visites en France en faisant un arrêt à Londres ou en Belgique, en décrivant ses déplacements comme des missions « de caractère essentiellement économiques » (Morin, 1991, p. 382) et en évitant ainsi les critiques populistes faciles sur « les dépenses fastueuses ». C'est ainsi qu'en 1971, après avoir manqué les funérailles de De Gaulle, il passa d'abord à Londres, à Dusseldorf, à Rome et à Milan avant de s'arrêter à Paris (Morin, 1991, p. 427-434). Mais sur le fond, aucun premier ministre québécois n'a remis en cause la doctrine Gérin-Lajoie.

Les énoncés de politique qui expliquaient de façon plus globale que les phrases de Gérin-Lajoie ce qui devait être fait internationalement par le Québec n'ont été publiés qu'en 1984 et 1991 (voir Gouvernement du Québec, 1984 et 1991). Qui plus est, celui de 1984 prit le chemin des oubliettes quelques mois plus tard après la défaite du gouvernement qui l'avait proposé. Le premier véritable énoncé de politique pouvant être appliqué, celui de 1991, fut donc écrit trente ans après l'ouverture de la délégation générale du Québec à Paris. La formulation a très tardivement suivi l'action. Elle est venue légitimer après coup ce qui avait été entrepris.

De toutes les entreprises de la Révolution tranquille, la politique étrangère demeure peut-être le champ d'intervention étatique le moins accepté par la population. Même dans les années 1990, les politiciens en voyage à l'étranger doivent justifier, ou se sentent obligés de le faire, leurs déplacements par la quantité d'accords qu'ils ont conclus, par les investissements qu'ils ont obtenus, etc. Il faut néanmoins en retenir que c'est alors que la fenêtre d'opportunité s'est ouverte et que cette politique a pu être mise en branle.

2.4. Au-delà de la Révolution tranquille

Même si rien n'égala plus la rhétorique des années 1960, l'appareil étatique se développa à la hauteur des paroles de Lesage et de Gérin-Lajoie. La montée de l'État québécois comme organisation capable s'est faite sous Bourassa puis, après 1976, sous le Parti québécois. Lesage et Gérin-Lajoie pouvaient trouver des formules éloquentes mais les moyens de leur grandiloquence ne vinrent que plus tard. Pour reprendre la perspective évolutive de Mazmanian et Sabatier (1989), après des débuts modestes, la politique internationale du Québec put être développée peu à peu comme nous en ferons état au chapitre six.

Globalement, des difficultés financières empêchèrent dans les années 1980 que l'expansion des activités de l'État se fasse au même rythme que pendant la décennie précédente. On peut y voir la fin de la période ayant débuté par la Révolution tranquille. La population rejeta clairement, dans le référendum constitutionnel de 1980, l'option de la souveraineté du Québec assortie d'une association économique avec le Canada. Le Parti québécois fut néanmoins reporté au pouvoir en 1981, mais forma un gouvernement plus conservateur et vieilli (Fraser, 1984). Le Parti québécois perdit les élections de 1985 aux mains du Parti libéral. Les Libéraux avaient clairement énoncé dans leur programme électoral qu'ils tâcheraient de réduire la taille de l'État. Après les élections de 1985, le nouveau gouvernement publia trois rapports : le premier, le rapport Gobeil, suggérait une réorganisation des structures et des programmes gouvernementaux ; le deuxième, le rapport Fortier, prônait la privatisation d'une série de sociétés d'État ; et le troisième, le rapport Scowen, recommandait une certaine déréglementation. Bien que ces trois rapports n'aient pas débouché sur une transformation significative de l'État québécois, ils reniaient l'étatisme de la Révolution tranquille. On peut lire dans ces rapports une vision du Québec dans laquelle le secteur privé sera l'acteur dominant. Mais les Libéraux n'ont pas démantelé le réseau international de l'État québécois. Ils ont même promulgué une nouvelle loi qui donnait une assise plus solide à l'édifice administratif chargé de cette politique.

En 1988, lors du dépôt du projet de loi créant le MAI, le ministre libéral Paul Gobeil affirma que ce projet de loi poursuivait les efforts entrepris depuis 1960 et rendait la politique étrangère du Québec plus cohérente et plus efficace. Gobeil souligna alors que personne n'avait jamais contesté l'idée de Gérin-Lajoie sur le prolongement international des compétences internes. Il alla même jusqu'à dire que la politique étrangère canadienne profitait des actions internationales du Québec parce qu'elle devenait de ce fait mieux équilibrée.

Gobeil affirma alors que l'existence et le rôle internationaux du Québec avaient acquis de la légitimité et semblaient nécessaires. Il donna trois exemples : d'abord, l'appartenance du Québec à l'Agence de coopération culturelle et technique (traitée au chapitre trois) ; ensuite, la reconnaissance publique par le premier ministre du Canada, Brian Mulroney, le 8 novembre 1984, de la légitimité des relations entre le Québec et la France ; et enfin, la conclusion d'un accord Ottawa–Québec permettant au premier ministre du Québec d'assister à la Conférence des chefs d'État de la Francophonie.

Une des grandes questions dans les ouvrages portant sur la politique extérieure québécoise est de savoir si oui ou non il y eut continuité. Si oui, il y a par conséquence une certaine cohérence. Il est possible que cette continuité ait été moins volontaire que forcée. Les choix précédents conditionnant les suivants, il est possible que les gouvernements qui se sont succédé au pouvoir depuis 1960 n'aient eu d'autre choix que de poursuivre ce que leur prédécesseur avait entrepris.

Mais l'idée de réformer l'État a été réitérée à la fin du régime libéral en 1993-1994 lorsque le gouvernement a décidé de réduire la taille de l'État afin de limiter son déficit à la suite de la dure récession de 1992. En septembre 1994, le Parti québécois est revenu au pouvoir. Sa marge de manœuvre était très mince, compte tenu de la situation financière difficile. Il dut gérer la fusion du MAI et du ministère de l'Immigration et des Communautés culturelles, décidée par le précédent gouvernement. La réalité économique rend l'exportation essentielle pour le Québec et le projet du PQ doit être expliqué par-delà les frontières du Québec. C'est sous ce parti souverainiste au pouvoir que le premier recul majeur sera observé en 1996 avec la fermeture de la majorité des délégations.

C'est après 1981 que les relations internationales du Québec ont connu leur plus grand essor. La liste des ententes internationales signées par le gouvernement du Québec depuis 1960 témoigne que, malgré l'absence de souveraineté, il fut possible de réaliser plusieurs gestes concrets. En fait, le tableau 2.1 sur le nombre d'ententes par région par année, indique que la signature d'ententes par le gouvernement du Québec s'est accélérée après le référendum de 1980[14]. Il

---

14. Données provenant du CQRI.

Tableau 2.1

Ententes signées par le gouvernement du Québec par région
(1964-1995)

	1964-1965	1966-1970	1971-1975	1976-1980	1981-1985	1986-1990	1991-1995	Total
États-Unis	1	6	7	1	4	24	41	**84**
France	4	6	3	11	11	18	11	**64**
Europe (autres pays)			1	7	13	27	22	**70**
Asie et Océanie				1	4	2	7	**14**
Amérique latine				1	10	13	11	**35**
Afrique et Moyen-Orient		3	5	13	40	28	29	**118**
Organisations internationales			2	5	2	9	7	**25**
Total	**5**	**15**	**18**	**39**	**84**	**121**	**128**	**410**

Source: Données tirées de GOUVERNEMENT DU QUÉBEC, MAICC (1995). *Répertoire des ententes internationales du Québec, 1964-1995*, Québec, octobre.

faut noter que sur ce tableau les chiffres diffèrent légèrement de ceux donnés par le gouvernement du Québec parce que nous avons, contrairement au MAI, classé l'Iran et le Liban avec la Syrie parmi les pays du Moyen-Orient et non avec ceux d'Asie.

La progression dans le nombre d'ententes signées par chaque gouvernement est étonnante. Le gouvernement Lesage a commencé par signer quelques ententes avec la France et les États-Unis. Au début de la Révolution tranquille, le gouvernement du Québec n'avait pratiquement pas d'activités internationales. Dès 1967, le gouvernement a déjà signé dix ententes internationales dont six avec la France. Le nombre d'ententes signées saute avec le premier gouvernement Lévesque pour presque tripler au cours du second mandat. Finalement, le gouvernement Bourassa continuera sur la même lancée après 1985.

Pour Thérien *et al.* (1991, p. 257-258), l'élément déterminant du processus d'institutionnalisation de l'action internationale du Québec fut la signature de ces ententes avec des partenaires étrangers. Ce fut en effet un élément important puisque 56 % de ces ententes furent signées avec des gouvernements souverains, membres de la communauté internationale. La partie la moins institutionnalisée de cette politique, selon les fonctionnaires du ministère, c'est la faible acceptation du public qui ne s'est pas plaint de la fermeture récente de la majorité des délégations.

La même expansion s'observe dans les recueils d'ententes internationales du Québec. Alors que les ententes signées de 1964 à 1983 tiennent sur 187 pages dans un premier recueil, il faut 722 pages pour les ententes signées entre 1984 et 1989 contenues dans un second recueil. Il faut convenir qu'il s'agit d'un indicateur fort grossier. Le second recueil contient d'ailleurs des ajouts aux ententes signées avant 1984. Néanmoins, l'écart dans le volume de ces ententes indique à quel point les activités internationales du Québec ont mené à des résultats concrets en dépit de la non-souveraineté québécoise. Comme un mémo interne du ministère l'explique, l'institutionnalisation de la politique étrangère n'est pas tributaire du destin constitutionnel du Québec. Ces activités internationales remontent aux origines de la Révolution tranquille et furent possibles dans le cadre fédératif canadien, société distincte ou non[15].

Conclusion

La Révolution tranquille fut une poussée dans toutes les directions, dont celle des relations internationales. Et comme Painchaud le résumait (1980, p. 351), sans cette dimension internationale, la revalorisation de l'État québécois serait demeurée une entreprise de « progressisme municipal ».

Il y eut, au cours de la Révolution tranquille, la formulation d'objectifs de politique internationale, un début d'exécution et, pour ce faire, la mise en place de ressources humaines et matérielles, les trois séries d'éléments d'une politique qu'il faut étudier (Bélanger dans Balthazar, 1993, p. 38). Cas classique dans une anarchie organisée, les premiers gestes, l'ouverture de la délégation à Paris et la signature des ententes, vinrent avant la formulation de la politique par Gérin-Lajoie en 1965. Cette formulation courut d'ailleurs le risque de rester lettre morte si Jean Lesage ne l'avait pas avalisée, sans savoir ce dont il était question, le lendemain de sa formulation. La véritable naissance du ministère voué à la mise en œuvre de cette

---

15. Gouvernement du Québec, Ministère des Affaires internationales, « Les Relations extérieures du Québec et la clause de la société distincte », Mémo interne, été 1990.

politique date de 1967. Jusqu'alors, les délégations relevaient du ministère de l'Industrie et du Commerce. Au début des années 1960, Lesage et Gérin-Lajoie pouvaient prononcer des discours, mais ils n'avaient que des moyens limités pour les mettre en œuvre.

Cette politique internationale s'alimenta d'abord du nationalisme et de l'étatisme de la Révolution tranquille. Ce qui devait devenir le ministère des Affaires intergouvernementales fut créé rapidement comme d'autres structures étatiques à l'époque. Ces structures étendaient le pouvoir de l'État dans divers secteurs de la société dont l'économie, l'éducation et la culture qui devaient être les domaines principaux de l'action internationale du Québec. Cette politique se développa sans grand appui populaire et avec guère de ressources à partir d'un budget total des relations fédérales-provinciales et internationales de 100 000 $ canadiens au début.

Au Québec, une fenêtre d'opportunité s'est ouverte au moment de la Révolution tranquille. On pourrait expliquer les incessantes modifications des institutions chargées de la politique extérieure québécoise par un besoin constant de corriger ce qui ne pouvait être prévu faute d'une expertise suffisante. Il ne s'agit pas non plus de changements graduels ni linéaires. Comme Morin (1987) le raconte, la démarche pour l'obtention du statut international a été assez échevelée. La volonté devait aussi fluctuer avec les changements de premier ministre. En outre, le besoin de réagir aux événements et de réajuster le tir pour tenir compte des actions d'Ottawa, de Washington ou de Paris ne conduit pas à une démarche cohérente. Malgré tout, l'élan avait été donné et la politique ne fut pas reniée depuis par les gouvernements successifs qui ne lui ont cependant pas toujours accordé les moyens nécessaires.

Au chapitre trois, nous verrons que si une série de stimuli internes a poussé l'action du Québec, celle-ci correspond également « à un moment où le gouvernement du général de Gaulle affirmait la volonté farouche d'indépendance de la France et où une série de nouveaux États francophones faisaient leur apparition sur la scène internationale » (Dehousse, 1989, p. 286-287). Sans Charles de Gaulle, il n'y aurait pas eu grand-chose à mettre en œuvre. L'ouverture de la fenêtre d'opportunité aurait été sans suite.

Le général de Gaulle propose et le Québec réagit 3

Rien dans le programme électoral libéral de 1960 n'indiquait que le Québec deviendrait un acteur sur la scène internationale. Certains membres du gouvernement étaient intéressés mais il n'y aurait guère eu de développement sans aide extérieure. Cette politique fut possible parce qu'outre Atlantique, la France a fourni à la politique extérieure du Québec un élément essentiel de son développement : un interlocuteur prêt à s'engager dans une relation officielle (Thérien *et al.*, 1994, p. 262). L'existence d'interlocuteurs peut être souhaitée mais elle ne dépend guère des efforts faits par un gouvernement. C'est grâce à l'intervention de la France que fut, entre autres, inventée l'idée de « gouvernement participant » pour permettre au Québec d'être partie prenante lors de la création de l'Agence de coopération culturelle et technique (ACCT) qui suivit les Conférences de Niamey I (1969) et II (1970) (Thérien *et al.*, 1994, p. 263).

Si l'on exclut la création, déjà mentionnée, du bureau du Québec à New York, on peut avancer que les actions du Québec à l'étranger ont commencé en France au début des années 1960 avec la visite de Jean Lesage à Paris. Parmi les premières réformes de la Révolution tranquille, il y a l'ouverture de la délégation du Québec à Paris, ardemment souhaitée par Georges-Émile Lapalme pour qui un rêve devenait réalité (Gérin-Lajoie, 1989, p. 316). C'était la fin de l'isolement culturel selon Hamelin (1969, p. 36). Pour le gouvernement du

Québec, représenter la communauté francophone d'Amérique du
Nord et établir des rapports diplomatiques avec le gouvernement
français pourrait sembler tout à fait naturel (Beaudoin, 1977, p. 442).
Selon Louis Sabourin (1965, p. 355), c'était une nécessité parce que
le gouvernement canadien ne consacrait à la Francophonie que 0,4 %
de son budget d'aide extérieure à des pays francophones entre 1950
et 1964. En toute humilité, Georges-Émile Lapalme (1973, p. 42)
écrit dans ses mémoires :

> Les relations France–Québec, c'est moi ! Personne d'autre ! Je ne
> fais plus jouer la modestie qui se tait ou le sourire en coin de
> celui qui s'est fait escamoter ou voler le peu qu'il a pu accomplir !
> Et en parlant ainsi, je n'entends pas non plus offrir les choses
> au rabais, c'est-à-dire les partager.

En 1961-1962, à Québec, personne ne savait quoi offrir en
cadeau à un ambassadeur en visite[1]. De l'autre côté de l'Atlantique,
à Paris, le gouvernement français usait de toutes les ressources de
sa vieille tradition diplomatique pour accueillir le premier ministre
du Québec comme le chef d'un gouvernement national (Lapalme,
1973, p. 110-140). C'est Lapalme qui tenait à l'idée d'une Maison du
Québec à Paris, ce à quoi Lesage donna son accord une fois au
pouvoir. Gérin-Lajoie (1989, p. 316) et Malone (1974, p. 3) attribuent
à Lapalme le crédit d'avoir été un précurseur. L'une des raisons du
développement d'un lien fraternel entre la France et le Québec est
l'admiration que Lapalme, le premier à occuper le poste de ministre
des Affaires culturelles, vouait à André Malraux et à la politique
culturelle française. Pour Lapalme, la langue et la civilisation françaises devaient être protégées en Amérique du Nord et l'un des
moyens d'y parvenir consistait à renforcer les rapports culturels avec
la France. Avec seulement deux fonctionnaires, il s'efforça de mettre
sur pied un ministère des Affaires culturelles sur le modèle de celui
de Malraux à Paris. Les relations France–Québec se sont développées un peu il est vrai à cause de Lapalme mais surtout parce que
Charles de Gaulle l'a voulu. C'est Charles de Gaulle qui fut l'entre-
preneur crucial des relations internationales du Québec. « Depuis la
première rencontre, à Paris, entre Lapalme et Malraux, en septembre 1960, il était clair que le général de Gaulle voulait "s'occuper
du Québec" » (Gérin-Lajoie, 1989, p. 320). Le même Lapalme (1973,
p. 47) écrit dans ses mémoires que lorsqu'il effectua une visite

---

1. Entretien avec Claude Morin, janvier 1994.

personnelle à Paris en 1960, André Malraux lui dit que le Québec devrait ouvrir une Maison du Québec à Paris. La suggestion de Malraux s'appuyait sur une recommandation de De Gaulle qui précéda sa propre demande[2]. Les efforts de Lapalme et des autres n'auraient pas suffi si De Gaulle n'avait pas été acquis à l'idée à l'avance.

En 1963, lors de la seconde visite de Lesage à Paris, c'est De Gaulle qui fait exclure l'ambassadeur canadien des rencontres. C'est lors de cette visite, à la demande de Lesage, que la délégation générale du Québec à Paris reçut un statut quasi diplomatique, ce qui permettait aux représentants québécois d'avoir un accès direct aux ministères français et de jouir des privilèges normalement réservés aux représentants des États souverains (Malone, 1974, p. 16 ; Lapalme, 1973, p. 252).

Paul Gérin-Lajoie (1989, p. 324-325) raconte dans ses mémoires une anecdote illustrant aussi l'importance que De Gaulle accordait au Québec, même avant 1967. En mars 1965, Gérin-Lajoie alla à Paris signer l'entente qui allait permettre d'établir des programmes d'échange et de coopération entre la France et le Québec dans le domaine de l'éducation. L'ambassadeur de France au Canada suggéra à Gérin-Lajoie de demander un rendez-vous avec De Gaulle, même si rien n'avait été planifié en ce sens. La rencontre eut lieu le jour même. Ce n'est qu'après cette visite à Paris que Gérin-Lajoie prononça son fameux discours devant le corps consulaire de Montréal, discours qui devait lancer la doctrine Gérin-Lajoie. Quelques mois plus tard, De Gaulle prit le temps de rencontrer Gérin-Lajoie et d'autres ministres québécois en visite. Cette visite avait été organisée par Jean Chapdelaine, deuxième délégué général du Québec à Paris et ancien ambassadeur du Canada en Égypte[3]. À ce dernier titre, il reçut, conformément au protocole français, le statut et les privilèges diplomatiques d'un ambassadeur. On ne peut dire avec certitude si, sans la présence de cet «ambassadeur», la délégation du Québec aurait obtenu son statut diplomatique aussi facilement (voir Thomson, 1990, p. 172).

Sans l'appui de De Gaulle, le Québec aurait-il poussé aussi loin le prolongement de ses compétences? L'occasion était là et le chef de l'État français était intéressé, peut-être même plus encore que

---

2. Les faits ont été confirmés par Jean Chapdelaine, délégué général du Québec à Paris de 1964 à 1976.
3. Jean Chapdelaine fut délégué de janvier 1965 jusqu'en 1976. Auparavant, Charles Lussier fut le représentant du Québec en France.

les Québécois à l'époque[4]. Les politiciens et les fonctionnaires inter-viewés pour le présent ouvrage étaient d'avis que le gouvernement du Québec avait décidé d'établir des relations avec la France. Ils contestent l'hypothèse selon laquelle le Québec aurait principale-ment réagi à des initiatives de la France. En fait, ils utilisent des nuances du genre : « Les Français nous ont inspirés » ou « La France proposait et nous répondions ». Ils suggèrent aussi que ce serait après la visite de De Gaulle au Québec en 1967 que les pressions françaises se seraient accentuées au point de devenir incontrôlables pour le Québec. Il est fort possible que, comme c'est souvent le cas lorsqu'on étudie le développement d'une politique, l'étincelle de départ soit difficile à retracer. Si l'intention d'établir des relations internationales vint du Québec, elle trouva en France un chef de gouvernement qui attendait. Morin (1990B, p. 577) pousse plus loin : « C'est par l'addition, à ces prérequis, du soutien de De Gaulle qu'il devint possible au Québec d'acquérir la capacité internationale qui est la sienne, et dont on ne retrouve pas d'exemple dans d'autres fédérations. Bref, rien de comparable à ce qui s'est produit en ce domaine ne serait survenu sans l'apport absolument indispensable de De Gaulle. »

En 1963, un premier accord sur la formation technique fut conclu. En 1965, les ministres français et québécois signèrent la première entente sur les échanges d'étudiants et de professeurs et la coopération en matière d'éducation. Comme Couve de Murville, le ministre des Affaires étrangères de De Gaulle, le souligna, l'entente de 1965 constituait un merveilleux parapluie sous lequel l'Office franco-québécois de la jeunesse, la télévision, les accords en matière de communication, entre autres, pouvaient être réunis[5]. La Commis-sion permanente de coopération franco-québécoise se réunit égale-ment pour la première fois en 1965. Une seconde entente fut conclue en 1965, cette fois en matière de coopération culturelle[6]. Qui plus est, contrairement à la première entente en éducation, on utilisait cette fois les sceaux officiels des deux gouvernements. Ce détail symbolique donnait à cette entente toutes les allures d'un traité en bonne et due forme (Malone, 1974, p. 122).

---

4. Entretien avec Claude Morin, janvier 1994. Pour une perspective fédérale sur l'impact de De Gaulle et des débuts des relations du Québec avec la Francophonie, voir SHARP (1994, p. 186-192).
5. Entretien avec Jean Chapdelaine en 1994.
6. HAMELIN (1969, p. 25). Jean Chapdelaine, interviewé en 1994 pour le présent ouvrage, confirma l'intérêt que portait De Gaulle au Québec.

En 1968, l'Office franco-québécois de la jeunesse fut créé pour organiser des échanges sur le modèle de ceux qui existaient déjà en vertu d'un accord similaire entre la France et l'Allemagne. Exemple du cheminement parfois étonnant que suivent les politiques publiques, c'est au cours d'une partie de soccer au Parc des Princes à Paris que Johnson proposa à De Gaulle de suivre l'exemple franco-allemand après les travaux préparatoires d'un de ses fonctionnaires (Malone, 1974, p. 21). L'OFQJ permit à près de 55 000 stagiaires de traverser l'Atlantique entre mai 1968 et 1988. Cet organisme a récemment fait l'objet d'une étude, laquelle démontra qu'il constitue l'un des plus beaux exemples de la collaboration France–Québec (Gouvernement du Québec, 1989).

Du côté de la France, certains dirigeants étaient moins réceptifs face aux Québécois, notamment le Quai d'Orsay (le ministère français des Affaires étrangères)[7]. Le lendemain de la scène du balcon, c'est d'ailleurs le ministre des Affaires étrangères, Couve de Murville, qui calma Paul Martin en lui confiant l'embarras que causait dans son ministère le discours du général (Thomson, 1990, p. 268). Mais Charles de Gaulle avait ses fidèles qui formaient un réseau efficace. Pendant les années 1960, il y avait un lobby proquébécois autour de De Gaulle, au sein des fonctionnaires français en poste à Paris. Ce groupe de pression était en mesure de compliquer les choses pour quiconque s'élevait contre la conception gaullienne du Canada (Lacouture, 1986, p. 512-513 ; Lisée, 1990, p. 167). De Gaulle a également fait du consulat français à Québec un poste important dans la diplomatie française (Morin, 1987, p. 83). Il permit au consul de France à Québec de se rapporter directement à Paris plutôt que d'être forcé de passer par les canaux traditionnels de l'ambassade à Ottawa.

La sympathie de De Gaulle pour le Québec ne changea pas à la suite des élections de 1966. Si De Gaulle était un personnage unique dans l'histoire du XXe siècle, Daniel Johnson, lui, était un politicien conservateur et traditionnel qui donnait une impression de déjà vu. Sa victoire en 1966 surprit aussi bien ses députés, les Québécois, que De Gaulle, lequel adhérait aux efforts de modernisation de Lesage. De Gaulle était certainement au courant des remarques de Johnson sur la « politique de grandeur » de Lesage, ainsi que de son refus d'assister à l'inauguration de la délégation du Québec à Paris en sa qualité de chef de l'Opposition.

7. Entretien avec Claude Morin, janvier 1994. Voir ausi MALONE (1974, p. 16) et THOMSON (1990, p. 201).

Malgré des cheminements pour le moins divergents, Johnson et De Gaulle nouèrent une solide amitié. Après un premier contact entre Couve de Murville, alors ministre des Affaires étrangères, et le nouveau gouvernement à Québec, Johnson fut invité à Paris où il fut accueilli comme Lesage à certains détails près (Malone, 1974, p. 19). Par suite des efforts de persuasion de Johnson, qui sut trouver le ton juste, De Gaulle accepta d'effectuer une visite à l'Exposition universelle de Montréal, en 1967, malgré sa réticence initiale à prendre part à ce qu'il appelait « une foire ». De Gaulle dit qu'il ne voulait pas être forcé de venir célébrer la création d'un pays fondé sur une défaite de la France[8]. Ce qui s'ensuivit au Québec devait tenir du grand théâtre.

3.1. « Vive le Québec libre[9] ! »

En juillet 1967, De Gaulle arriva à Québec pour ce qui devait être l'épisode le plus théâtral des relations France–Québec. Il était déjà venu en 1944 et en 1960, avant l'élection de Jean Lesage. Ce personnage de légende était alors à l'apogée de son pouvoir, avant que les événements de 1968, année difficile en France comme ailleurs en Occident, le poussent à la retraite. Alors que tous les invités de marque prenaient l'avion et atterrissaient à Dorval, De Gaulle traversa l'Atlantique sur un navire de guerre français, le *Colbert*, pour venir visiter l'Exposition universelle qui se tenait à Montréal cet été-là.

De Gaulle fut accueilli de façon étonnamment chaleureuse au Québec. Un journaliste du *Devoir* faisait remarquer à quel point la différence était frappante entre la foule qui avait causé une émeute lors de la visite de la reine Elizabeth, quatre ans auparavant, et celle qui acclamait De Gaulle, malgré les sentiments ambivalents qu'entretiennent habituellement les Québécois à l'endroit de leurs cousins français (Tainturier, 1967, p. 29). Des foules importantes s'amassaient sur le Chemin du Roy, pour le voir dans sa limousine décapotable entre Québec et Montréal après un pèlerinage à Sainte-Anne-de-Beaupré ! Après quelques arrêts le long du parcours à Donnacona, à Sainte-Anne-de-la-Pérade, à Trois-Rivières, à Louiseville, à Berthier et à Repentigny, il est reçu à Montréal par un demi-million

---

8. Cité par M. Fichet dans *Études gaulliennes*, tome 9, n° 33, avril 1981, p. 53. Voir aussi Thomson (1990, p. 226).
9. Pour les textes des allocutions de De Gaulle au Québec et les articles de la presse concernant son passage, voir Tainturier (1967).

de personnes rassemblées le long de la rue Sherbrooke, de l'est de Montréal jusqu'à l'hôtel de ville. Lors de ces arrêts, De Gaulle dit qu'un peuple doit prendre en main ses destinées ou déclare, à Trois-Rivières, que le processus d'autodétermination est irréversible (Thomson, 1990, p. 259).

Le soir du 24 juillet 1967, après ce long et exténuant voyage en automobile entre Québec et Montréal, Charles de Gaulle – alors âgé de 76 ans – a décidé d'adresser quelques mots à la foule qui l'acclamait devant l'hôtel de ville de Montréal en utilisant un micro qui n'était même pas censé se trouver là (Thomson, 1990, p. 261). Sanglé dans son uniforme, entre Jean Drapeau inquiet qui le tirait vers les notables assemblés sur la terrasse arrière et « son ami » Johnson qu'il dépassait tous deux d'une tête, il dit sur le ton de la confidence (Thomson, 1990, p. 261) à la foule :

[...] « Je vais vous confier un secret que vous ne répéterez à personne. Ce soir, ici, et tout le long de ma route, je me suis trouvé dans une atmosphère du même genre que celle de la Libération. » Et conclut avec un tempo particulier :

« Vive Montréal ! Vive le Québec ! Vive le Québec libre ! Vive le Canada français ! Vive la France ! »

Les deux derniers vivats furent quasiment enterrés par la clameur de la foule. À ses arrêts précédents, il avait généralement conclu par une série du genre : « Vive Sainte-Anne-de-la-Pérade ! Vive le Québec, le Canada français ! Vive la Nouvelle-France ! Vive la France ! » (Tainturier, 1967, p. 34). Le « Vive le Québec libre ! » était un ajout qui allait faire jaser plus que « Vive Louiseville ! ». La foule devant l'hôtel de ville était la plus grande que De Gaulle ait vue ce jour-là. Ébahie, elle applaudit ce qui était le slogan du mouvement politique indépendantiste québécois encore marginal à l'époque. Le gouvernement canadien fut moins enthousiaste que la foule montréalaise, c'est le moins que l'on puisse dire. Pour les dirigeants canadiens, la comparaison avec la libération de la France des nazis en 1944 n'était pas des plus heureuses, probablement pire en fait que la conclusion du discours. Le 25 juillet, le Cabinet fédéral se réunit et émit deux communiqués blâmant De Gaulle pour son allocution. Le secrétaire d'État aux Affaires extérieures, Paul Martin (père), dit à ses collègues du Cabinet que « le gouvernement ne devrait pas se faire d'illusions quant à la possibilité que De Gaulle retire ses paroles ; il croyait chaque mot qu'il a prononcé et que le Gouvernement soit d'accord ou non lui importait peu » (Granatstein et Bothwell, 1990, p. 113). De Gaulle décida de ne pas passer par

Ottawa où il n'avait pas envie d'aller de toute manière. On ne sait pas ce qu'il a pensé du fait que la réplique du gouvernement canadien fût rédigée en anglais !

Le célèbre discours du 24 juillet n'était pas improvisé. Lors de sa visite de 1960, il considérait déjà la question du Québec (Thomson, 1990, p. 111-112). En 1966, De Gaulle écrivit à l'ambassadeur de France à Ottawa pour lui signifier qu'il trouvait l'union canadienne fragile[10]. René de Saint-Légier, son conseiller diplomatique, avait déclaré à Claude Morin en avril 1967 : « Soyez sûr que le général ne se contentera pas, au Québec, d'inaugurer des chrysanthèmes... » (Morin, 1991, p. 281). À bord du *Colbert*, le navire qui l'amena de Brest à Québec en 1967, il dit à l'un des fonctionnaires qui l'accompagnaient que ce qu'il dirait au Québec allait créer des remous. Pendant la traversée, il eut amplement le temps de préparer les interventions qu'il ferait au Québec. Durant son discours du 23 juillet à Québec, il énonça une ébauche de son discours du lendemain à Montréal. Dans sa biographie en trois tomes, Jean Lacouture conclut que De Gaulle voulait accélérer l'évolution politique du Québec et que, plus tard, il avait trouvé que cette évolution vers l'indépendance ne s'était pas accomplie aussi rapidement qu'il l'avait souhaité. Comme le souligne Lacouture, Charles de Gaulle était bien conscient du rôle de l'Ancien Régime français en Amérique du Nord et voulait rembourser « la dette de Louis XV[11] ». Dans un livre publié en 1994, Alain Peyrefitte, qui fut ministre de De Gaulle durant les années 1960, écrit lui aussi que De Gaulle n'a rien improvisé à Montréal[12].

Il y avait des considérations stratégiques en jeu. Il ne déplaisait certainement pas à De Gaulle d'embêter les gouvernements canadien, américain et britannique avec une simple phrase. En outre, la France éprouvait depuis le début des années 1960 des difficultés considérables dans ses démarches auprès du gouvernement canadien en vue d'acheter de l'uranium canadien pour son programme nucléaire (Malone, 1974, p. 285-286). Le gouvernement français était

---

10. On retrouve dans Thomson (1990) une longue liste de citations de De Gaulle où il fait état de sa perception des deux Canadas, du fait que le Canada français était sur le point de devenir un État, etc.
11. Dans Lacouture (1986), la très longue biographie de De Gaulle, le chapitre 19, consacré à De Gaulle et le Québec, s'intitule même « La dette de Louis XV », allusion directe à la Conquête de 1760 et au *Traité de Paris* de 1763.
12. Voir Louis-Bernard Robitaille (1994). « Le "Vive le Québec libre !" de De Gaulle n'avait rien d'improvisé », *La Presse*, Montréal, 13 novembre, p. A-1.

aussi mécontent de la décision d'Air Canada d'acheter le DC-9 américain pour sa flotte plutôt que la Caravelle française. De Gaulle avait de plus été offusqué par une remarque de l'ambassadeur Jules Léger qui avait déclaré lors de la présentation de ses lettres de créances que « le Canada se fera avec, ou sans, la France » (Malone, 1974, p. 287). En outre, aucun intérêt substantiel de la France au Canada ne pouvait être compromis du fait de la politique de De Gaulle ou d'une réaction du Canada.

De Gaulle souleva la question de l'éventualité de l'indépendance du Québec. Cette option n'était alors guère plus qu'une possibilité très théorique. En 1967, année du centenaire de la Confédération, le Parti québécois n'existait pas encore et René Lévesque, qui allait en devenir le chef charismatique, puis être élu premier ministre du Québec, était un député de l'Opposition. Quelques mois plus tard, le 27 novembre 1967, De Gaulle alla même plus loin au cours d'une conférence de presse qui coïncidait avec la tenue d'une conférence constitutionnelle à Toronto, un hasard sans doute! Lors de cette conférence de presse, il déclara qu'à son avis, on ne pourrait résoudre la question Québec/Canada sans « un changement complet de l'actuelle structure canadienne. [...] Cela aboutirait forcément, à mon avis, à l'avènement du Québec au rang d'un État souverain [...][13] » De Gaulle fut plus souverainiste que le gouvernement québécois après 1967.

De Gaulle n'a guère pris le temps d'expliquer pourquoi il avait dit ces mots à Montréal si ce n'est pour dire : « Au bout de cette journée inouïe, il fallait répondre à l'appel de ce peuple [...] Je n'aurais pas été De Gaulle si je ne l'avais pas fait[14]. » Le lendemain matin, il répondit au maire Drapeau qui lui faisait la morale : « Et

---

13. Tiré de BEAUDOIN et VALLÉE (1992) qui citent DE GAULLE, Charles. *Œuvres complètes. Discours et messages – Vers le terme 1966-1969*, Paris, Plon, 1970, page 329. Voir aussi THOMSON (1990, p. 319-321). De Gaulle ajouta aussi que cette souveraineté pourrait avoir lieu dans le cadre d'une nouvelle fédération.

14. Tiré de THOMSON (1990, p. 280). Dale Thomson fait appel aux comptes rendus et aux ouvrages écrits par les proches collaborateurs de De Gaulle. Il a aussi eu recours aux archives et à des entretiens avec des acteurs et des témoins de l'époque. En résumé, De Gaulle pensait ce qu'il a dit. Plusieurs ouvrages ont été écrits, plusieurs colloques organisés, plusieurs séminaires donnés concernant ce que De Gaulle avait en tête lorsqu'il a crié « Vive le Québec libre ! » en juillet 1967. Tous ces documents ont été analysés dans des douzaines de livres sur la position de De Gaulle sur le Québec. La biographie de De Gaulle la plus exhaustive est l'œuvre de Jean Lacouture, publiée en 1986. Sur De Gaulle et le Québec, Thomson a repris tout ce qui avait été écrit auparavant.

quant au reste, tout ce qui grouille, grenouille, scribouille n'a pas
plus de conséquence historique dans ces grandes circonstances qu'il
n'en eut jamais dans d'autres » (Patry, 1980, p. 102). De Gaulle avait
fait référence à Montréal à certaines phrases qu'il avait dites dans
des discours précédents, plus tôt le même jour et la veille au soir, à
Québec. Tous les discours qu'il a prononcés au Québec au cours de
son voyage sont conséquents. Ce qui l'est plus encore, c'est la suite
qu'il donna à ce voyage et que ses successeurs à l'Élysée allaient lui
donner... sans l'élan oratoire. De retour à Paris, il demanda à ses
ministres de voir comment chacun pourrait faire pour exploiter son
initiative (Thomson, 1990, p. 288) et son idée d'interdire à ses
ministres tout détour par Ottawa lors de leurs visites au Québec
(Morin, 1991, p. 344-346).

Son gouvernement se fit plus entreprenant à la suite du discours (Hamelin, 1969, p. 33). Un éventuel voyage de Johnson en
France à l'automne 1968 avait été préparé avec un luxe protocolaire
rare (Malone, 1974, p. 28-29). Le gouvernement français s'efforça de
mettre l'accent sur l'importance de relations stables entre la France
et le Québec. En 1967, De Gaulle envoya au Québec son ministre de
l'Éducation, Alain Peyrefitte, pour intensifier et élargir la coopération Québec–France. En janvier 1969, lorsqu'une délégation québécoise menée par le ministre de l'Éducation Jean-Guy Cardinal – qui
remplaçait Jean-Jacques Bertrand – arriva à Paris, elle fut accueillie
à l'aéroport par le secrétaire aux Affaires étrangères de France, avec
le protocole habituellement réservé aux chefs d'État. Cardinal ren-
contra le premier ministre Couve de Murville, le ministre des
Affaires étrangères Michel Debré et le président de Gaulle. Ce
dernier rayonnait lorsqu'il parlait de l'alliance France–Québec et
n'invita même pas l'ambassadeur du Canada à un dîner organisé en
l'honneur de la délégation québécoise (Lacouture, 1986, p. 512-513 ;
Morin, 1991, p. 339-341).

Johnson était malade lorsqu'il devint premier ministre. Il avait
subi plusieurs infarctus qui avaient limité sa capacité de gouverner.
On ne peut déterminer avec certitude s'il voulait modérer les élans
de De Gaulle à l'endroit du Québec ou s'il voulait au contraire
s'appuyer sur ces initiatives. La santé de Bertrand, son successeur,
était également chancelante, ce qui ralentit la coopération France–
Québec sans compter que Bertrand était plus hésitant sur ce sujet.
Bien que De Gaulle fût déçu de la lenteur de l'évolution de la
situation au Québec, il avait manifesté le désir d'assister aux funérailles de Johnson à Montréal (Morin, 1991, p. 308). En fin de
compte, c'est son premier ministre qui dut le représenter. Le gou-

vernement du Québec dut réagir à un grand nombre de propositions émanant de la France après la visite de De Gaulle, alors que la santé de Johnson ne lui permettait pas de faire avancer le dossier de la coopération. Johnson eût-il été entouré d'un Conseil des ministres plus fort que sa maladie n'aurait pas causé trop de problèmes, mais l'équipe des députés ministériels n'avait pas la formation et les habiletés du cabinet de Jean Lesage. Pompidou remplaçant De Gaulle maintint à peu près sa position concernant le Canada. Il accepta que ses ministres en visite au Canada recommencent à passer par Ottawa mais il ne fit aucun effort marqué pour se rapprocher du gouvernement canadien (Malone, 1974, p. 302-303). Une différence notable apparut toutefois : contrairement au général, Pompidou ne créait pas l'événement.

En 1971, le premier ministre Robert Bourassa, bien qu'il n'eût pas assisté aux funérailles de De Gaulle décédé au début de novembre 1970, fut reçu par Pompidou et son ministre des Affaires étrangères, qui insistèrent sur la pérennité des relations France–Québec. Le gouvernement français fut surpris, sinon déçu, de voir Bourassa tenter d'intégrer les diplomates canadiens aux discussions au cours de sa visite. C'est Bourassa et non ses hôtes français qui enleva du décorum à la visite (Malone, 1974, p. 30-46).

Longtemps après que De Gaulle eut pris sa retraite, la France continua d'apporter un soutien au Québec. En novembre 1977, neuf mois après avoir prononcé un discours désastreux à New York, le premier ministre René Lévesque alla à Paris recevoir le grade de Grand Officier de la Légion d'honneur. Dix ans après le discours de De Gaulle, l'appui de la France à la cause indépendantiste demeurait fort. Le président de l'Assemblée nationale, Edgar Faure, en portant un toast, vanta les efforts que fournissait le Québec pour se débarrasser de la colonisation (Fraser, 1984, p. 174-176). Lévesque fut accueilli comme un chef d'État. Le président français, Valéry Giscard d'Estaing, réitéra l'appui de la France et sa position de « non-ingérence, mais non-indifférence », adoptée depuis par les dirigeants français (Noda, 1989, p. 337-340). Au cours de cette visite, le gouvernement français se rendit compte que Lévesque manifestait moins d'enthousiasme que certains de ses adjoints devant la question de l'indépendance. Contrairement à De Gaulle, Giscard d'Estaing, Raymond Barre et Alain Peyrefitte décidèrent de renoncer à appuyer la souveraineté du Québec en public avant que les Québécois n'aient fait leur propre choix. C'est aussi au début des années 1980, selon Nossal (1989, p. 272), que le gouvernement français a renoncé au rêve gaulliste d'un Québec souverain. La non-ingérence primait alors sur la non-indifférence. En même temps, la France attendait que le Québec puisse participer au premier sommet francophone pour accepter d'y participer.

En 1979, malgré quelques dérapages diplomatiques durant la visite de Raymond Barre au Québec, la relation entre la France et le Québec demeura intacte (Fraser, 1984, p. 174-176). En 1990, un document du gouvernement français stipulait que le gouvernement n'interviendrait pas dans le choix constitutionnel de « ce qui était toujours une province canadienne ». Les irrégulières rencontres « annuelles » entre les premiers ministres français et québécois sont un signe de l'institutionnalisation de ces relations internationales. C'est un élément qui demeure cependant peu réussi. Outre les difficultés lors de la visite de Raymond Barre en 1979, ces visites ont été souvent reportées, comme ce fut le cas avec Edith Cresson puis Pierre Bérégovoy. Jacques Chirac, dans la tradition gaulliste, a déploré en 1991 que le principe de ces rencontres ne soit pas respecté. Alors maire de Paris, il disait regretter de voir « des liens qui sont ceux de l'amitié réciproque se distendre[15] ». M. Bourassa devait faire des efforts pour rendre ces rencontres peu fréquentes. M. Bourassa a régulièrement assisté au Symposium économique de Davos. Certaines années, il visitait outre la Suisse, l'Allemagne, la Belgique et le Royaume-Uni. Il ne manquait à ces périples que l'Italie et l'Espagne pour faire tout le tour de la France sans y aller. C'est finalement en juin 1996, après un hiatus de dix ans, que ces visites ont recommencé. Alain Juppé, le premier ministre français, est venu au Québec avec une importante délégation des gens d'affaires. On a profité de cette visite pour souligner que les deux tiers des investissements français faits au Canada le sont au Québec. Au cours de cette visite que le gouvernement québécois voulait essentiellement économique, les questions politiques, surtout l'éventuelle reconnaissance par la France d'un Québec souverain, n'ont pu être évitées. Monsieur Juppé maintient la ligne habituelle de réponse sur le sujet[16].

Seul Mitterrand, continuant sur le sujet son opposition habituelle à la politique de De Gaulle, fut plus distant quoiqu'il ait toujours reçu les représentants québécois avec les mêmes égards que ses prédécesseurs et facilité la participation du Québec aux Sommets

---

15. Voir Michel DOLBEC dans *Le Devoir*, 17 juillet 1991, pages 1 et 4, et Michel DOLBEC dans *Le Devoir*, 22 juin 1991, page A-7.
16. Voir Michel VENNE (1996), « Le climat politique ne nuit pas aux investissements, observe Juppé », dans *Le Devoir*, 12 juin, p. A-1 et A-8.

francophones. Il passe généralement pour avoir été en faveur d'un Canada uni et ami de Brian Mulroney[17]. Ce n'est pas forcément de son côté que le refroidissement fut le plus marqué. Vingt jours après son assermentation comme premier ministre, Daniel Johnson jr faisait une visite officielle à Paris entre Davos et Londres, première visite d'un premier ministre québécois en France depuis 1989. Il en profita pour affirmer que l'appel du général De Gaulle à Montréal en 1967 ne serait pas le bienvenu aujourd'hui puisque les conditions avaient bien changé[18]. En juillet 1994, Jacques Parizeau, alors encore chef de l'Opposition, fit une visite de vingt-quatre heures à Paris pour y rencontrer le ministre des Affaires étrangères. Avec le retour au pouvoir du Parti québécois, les relations avec la France semblent être réactivées après avoir été négligées quelques années. Paris a reçu le ministre des Affaires internationales Bernard Landry en novembre 1994 de la même façon qu'étaient reçus les ministres québécois par le passé. Le gouvernement québécois sous les Libéraux avait décidé de mettre en poste à Paris un fonctionnaire influent et compétent, Claude Roquet, qui avait travaillé pour le gouvernement canadien jusqu'en 1977. Cette nomination tranchait sur les autres, plus politiques, dont le nombre semble augmenter. Le gouvernement du Québec a également décidé de nommer un fonctionnaire de carrière au poste de responsable des relations multilatérales dans la Francophonie[19].

En janvier 1995, ce fut en tant que premier ministre que Parizeau fit une visite officielle à Paris. Il fut reçu avec beaucoup d'égards. L'ambassadeur du Canada à Paris fit de nombreux commentaires acerbes sur cette visite. Jacques Chirac, alors candidat à

---

17. Christian RIOUX (1996). « La France pleure Tonton », *Le Devoir*, 9 janvier, pages A-1 et A-8, et Christian RIOUX (1996). « Mitterrand et le Québec », *Le Devoir*, 11 janvier 1996, page A-1.
18. Tiré de la chronique des relations extérieures du Québec, *Études internationales*, volume 25, page 342.
19. François Mitterrand aurait déclaré en 1979 que la France aiderait un Québec indépendant à joindre les rangs des Nations Unies. Louis-Bernard ROBITAILLE (1994). « La question du Québec : les Français ont d'autres chats à fouetter », *La Presse*, Montréal, 12 novembre, p. A-1. Voir aussi la chronique des relations extérieures du Québec, *Études internationales*, volume 25, page 342. Voir Michel DAVID (1994). « L'embarrassante francophonie », *Le Soleil*, Québec, 2 février, p. A-3. Voir Yann PINEAU (1994). « Parizeau rentre satisfait de son mystérieux voyage à Paris », *La Presse*, 13 juillet, p. C-4. Louis-Bernard ROBITAILLE (1994). « Landry à Paris : une offensive très peu spectaculaire », *La Presse*, Montréal, 6 novembre, p. B-6. Claude GRAVEL (1994). « Une mission à Paris qui est tout à fait justifiée », *La Presse*, Montréal, 14 novembre, p. B-2.

la présidence française, déclara au cours de cette visite qu'il estimait naturel que la France reconnaisse le Québec dans l'éventualité d'un référendum gagnant[20].

Après l'échec référendaire de 1995, le ministre Bernard Landry fut à nouveau accueilli chaleureusement par les milieux officiels français sur le chemin du sommet francophone. Il fut alors reçu entre autres par le président Jacques Chirac et le ministre des Affaires étrangères. La presse québécoise y a vu un signe que la défaite serrée au référendum n'avait pas desserré les liens entre la France et le Québec[21].

3.2. Le Québec et la Francophonie[22]

Le Québec avait absolument besoin de l'aide de De Gaulle pour entrer dans le monde des relations diplomatiques multilatérales. Ces relations débutèrent dans cet ensemble des pays où le français est utilisé de façon officielle ou courante et qui porte le nom de Francophonie (Malone, 1974, p. 49). Les premiers pas du Québec dans le monde des relations multilatérales fut sa participation en 1961 à la mise sur pied de l'Association des Universités partiellement ou entièrement de langue française (AUPELF) dont la conférence de fondation eut lieu à Montréal (Gérin-Lajoie, 1989; Malone, 1974, p. 50-51). À l'ère de la décolonisation, le Québec sut profiter d'une transformation des anciens empires français et belge. On peut évidemment se demander si sa participation ne fut pas orchestrée pour faciliter la transition après ces empires.

L'étape décisive fut en février 1968, lorsque le Québec prit part à la conférence des ministres de l'Éducation d'Afrique et de Madagascar tenue à Libreville, au Gabon. C'était la première fois de son histoire que le Québec était invité directement à être représenté à une réunion internationale de niveau ministériel. Cela marqua le début de l'engagement du Québec au sein de la Francophonie et une source de grande tension entre Ottawa, Paris et Québec même si, en théorie, l'éducation est une juridiction exclusivement provinciale.

---

20. Tiré de la chronique des relations extérieures du Québec, *Études internationales*, volume 26, page 400.
21. Tiré de la chronique des relations extérieures du Québec, *Études internationales*, volume 27, pages 168-169.
22. Sur ce qu'est la Francophonie et sur son histoire, voir LÉGER (1987).

Le gouvernement français avisa le Gabon et d'autres pays qu'ils pouvaient entretenir des relations directes avec le Québec en matière d'éducation (Granatstein et Bothwell, 1990, p. 409, note 55). Une fois mis devant le fait accompli, le Canada décida de suspendre ses relations avec le Gabon, un geste qu'il n'avait pas posé depuis la Seconde Guerre mondiale (Malone, 1974, p. 56), début véritable de ses activités internationales. Le deuxième volet de la réaction canadienne fut de distribuer de l'aide financière canadienne au développement en Afrique, qui était passée entre 1961 et 1968 de 300 000 $ à 14 millions, en sous-entendant clairement que le Québec n'avait pas les moyens d'une telle générosité (Malone, 1974, p. 58). Par la suite, le Canada proposa comme compromis qu'un représentant du Québec dirige la délégation canadienne à ces conférences, mais la formule n'en fut pas moins jugée insatisfaisante par ceux qui y participaient (Malone, 1974, p. 60-69).

Le gouvernement fédéral réagit très durement à l'invitation faite au Québec par le Gabon. Selon Ivan Head qui fut le conseiller spécial de Trudeau sur les relations internationales, l'invitation gabonaise était « une des plus sérieuses menaces à l'intégrité du Canada que le pays ait jamais connues... Elle contenait les graines de la destruction du Canada en tant que membre de la communauté internationale[23] ». Selon Léger (1987, p. 131), Ottawa « aura consacré au moins autant d'énergie à tenter d'empêcher avec acharnement l'émergence du Québec qu'à apporter sa propre contribution aux institutions francophones ».

Le Québec et le Canada ont eu de nombreuses disputes au sujet des conférences des ministres de l'Éducation qui se sont tenues dans les pays francophones d'Afrique : d'abord au Gabon, puis au Zaïre, en République centrafricaine et au Niger. Le Québec devait-il et pouvait-il y être invité en tant que participant ? Voilà la question qui resurgissait toutes les fois qu'étaient mis en question l'aide internationale canadienne, les pressions exercées par la France sur ses anciennes colonies ou le fait que le Québec souhaitait négocier pour lui une certaine reconnaissance ou une solution plus permanente. Pour la conférence qui eut lieu au Niger, le gouvernement français plaça le gouvernement nigérien dans une situation inextricable face à Ottawa, en le forçant à inviter le Québec (Morin, 1987 ; Granatstein et Bothwell, 1990). En 1969, les représentants canadiens et québécois partirent pour Niamey sans qu'aucun accord ait

---

23. Notre traduction, citation provenant du *Montreal Star* du 18 mars 1968, cité par Nossal (1989, p. 274).

été paraphé entre les deux capitales au sujet de la composition et du comportement à observer par les deux délégations qui transportèrent leurs divergences entre Canadiens français au beau milieu de l'Afrique et au grand déplaisir du pays hôte (Malone, 1974, p. 73-76).

C'est à Niamey II que la délégation présidée par un fonctionnaire québécois résolument fédéraliste, Julien Chouinard, réussit avec l'aide française à faire changer la proposition initiale de Jean-Marc Léger qui rendait impossible la participation du Québec (Malone, 1974, p. 86-89). C'est aussi le représentant français qui insista en octobre 1971 à Ottawa pour considérer le Québec comme membre à part entière de l'ACCT (Malone, 1974, p. 98). Après les deux sommets de Niamey, en 1969 et en 1970, le Québec est devenu un « gouvernement participant » au sein de l'Agence de coopération culturelle et technique (ACCT). Vu l'opposition d'Ottawa, cela n'aurait pas été possible sans l'appui de la France (Morin, 1987, p. 222). Le mandat de l'ACCT était de développer la coopération multilatérale en matière d'éducation, de formation, de culture, de science et de formation professionnelle et technique.

La mise sur pied de l'ACCT constituait une première étape, mais elle n'avait pas la légitimité des plus hautes instances politiques. De plus, après son succès initial, le Québec a effectué un repli au début des années 1970 (Malone, 1974, p. 102). Mais pour la première fois, le gouvernement du Québec était un membre à part entière d'un organisme multilatéral. Son manque de légitimité fut résorbé, après des années d'attente causée par la difficulté de définir la forme que prendrait la participation du Québec, lors du premier Sommet de la Francophonie en février 1986[24]. La participation du Québec au Sommet de la Francophonie en 1986 est une percée importante dans l'évolution de sa politique internationale. C'est après l'élection de Brian Mulroney en 1984 que le déblocage s'opéra et qu'un sommet francophone put être organisé, lequel mena à une coalition Québec–Canada qui devait conduire Jean-Louis Roy, ancien délégué du Québec à Paris, au poste de secrétaire général de l'ACCT malgré l'opposition de la France qui soutenait un autre candidat (Thérien *et al.*, 1994, p. 264). Dans le chapitre suivant, nous verrons que le fait que Trudeau prenne sa retraite a joué un rôle significatif, mais que la situation était autrement plus complexe qu'il n'y paraissait.

---

24. Voir Thérien (1993, p. 501). Voir aussi France, Ministère des Affaires Étrangères (1986). *Actes de la Conférence des chefs d'État et de gouvernement des pays ayant en commun l'usage du français ; Paris, 17-19 février*, Paris, Documentation française.

Les gouvernements canadien et québécois se sont entendus en 1985 pour permettre au Québec de jouer pleinement son rôle en matière de coopération et de développement, d'agir de concert avec Ottawa (après consultation) en matière économique et d'être un « observateur intéressé » en matière politique (Thérien *et al.*, 1993, p. 267). Le sommet de Paris fut suivi et le Québec a participé chaque fois. Il y eut un accord de coopération mettant sur pied une chaîne de télévision conjointe. Le renforcement des relations franco-québécoises et la Francophonie, même si leur rôle économique est très limité, se sont révélés utiles pour le Québec. L'entente conclue en novembre 1985 entre Québec et Ottawa prévoit, selon une formule adaptée de l'exemple de l'ACCT, que le Québec sera invité directement aux Sommets francophones mais fera partie de la délégation canadienne tout en pouvant intervenir librement sur les questions relevant de sa compétence (Mace et Gosselin, 1992, p. 227). L'entente Québec–Ottawa correspond aussi à l'évolution de la Francophonie où la France et le Canada sont en compétition en tant que leaders (Thérien, 1993, p. 504). Elle correspond aussi à l'intérêt du Canada pour un second Commonwealth, francophone cette fois (Thérien, 1993, p. 514).

Au Québec, où la langue est devenue l'élément dominant de son caractère distinct, la Francophonie pouvait être perçue comme cruciale. Il y avait vraiment au Québec une vision de ce que pourrait être le monde francophone et de ce que le Québec pourrait en retirer[25]. Certains besoins étaient criants, comme le manque d'enseignants adéquatement formés au début des années 1960. Mais à la base s'est développée une idée selon laquelle, pour survivre et se développer, le Québec devait se définir en relation avec un plus grand ensemble international. La fin de l'empire français a permis une redéfinition de la communauté francophone internationale, ce qui a ouvert la porte au Québec.

En novembre 1991, le Québec participa à la quatrième conférence des chefs d'État et de gouvernement ayant en commun l'usage du français. Sur divers thèmes, la position québécoise fut conforme à la position canadienne[26]. Puis, en octobre 1993, le Québec participa à la cinquième conférence tenue à l'Île Maurice où le Québec parla

---

25. Entretien avec un fonctionnaire, février 1994.
26. Tiré de la chronique des relations extérieures du Québec, *Études internationales*, n° 23, mars 1992, page 162. La position québécoise fut possiblement même trop conforme à la position canadienne, voir Michel VENNE (1991). « Le Québec, un "levain" ou un second violon ? Bourassa est perçu comme un "haut parleur" de la politique étrangère du Canada », *Le Devoir*, 19 novembre, page B-1.

surtout de développement de coopératives de crédit en Afrique et d'organisation électorale. En décembre 1995, ce fut à Cotonou au Bénin la sixième conférence du genre où le Québec a participé à la tournure plus politique de la Francophonie. L'ACCT devient l'Agence de la Francophonie. Les esclandres entourant la participation du Québec semblent du passé ou presque.

La Francophonie, la France en tête, demeure l'axe le plus organisé de la politique internationale du Québec. La préparation de conférences sur le sujet ou les travaux préparatoires des sommets successifs ont permis de guider l'action dans ce domaine. C'est aussi dans ce domaine que le Québec a le plus développé son expertise. Des fonctionnaires issus parfois du ministère de l'Éducation ont depuis le début développé des compétences qui ne se retrouvent guère dans les autres secteurs géographiques que doit couvrir le MAI. C'est dans ce domaine que la place et le rôle du Québec dans les affaires internationales sont reconnus. Paul Gobeil (1988, p. 7-8) en voulait pour preuve dans son discours sur la création du MAI, premièrement, que depuis 1971 le Québec participe à l'ACCT, deuxièmement, que le 8 novembre 1984, le premier ministre du Canada reconnaissait publiquement la légitimité des relations directes et privilégiées du Québec avec la France et, finalement, que l'entente intervenue entre Ottawa et Québec prévoit désormais que le premier ministre du Québec participe à la Conférence des chefs d'État et de gouvernement des pays ayant en commun l'usage du français aux côtés du premier ministre canadien. Ses trois exemples appartiennent tous au domaine de la Francophonie.

Conclusion

Au moment où le Québec était rapidement en train de mettre en place son appareil étatique et d'entrer dans la modernité, il eut la chance de trouver en la personne du président de la France quelqu'un qui était fortement en faveur d'un partenariat à l'échelle internationale avec lui. Comme Gérin-Lajoie (1989, p. 330) l'a résumé :

> Le Québec a connu, au cours des années 1960, une chance historique et il a su en profiter. Alors que tout semblait possible aux Québécois de la Révolution tranquille, ils ont trouvé en France, dans la personne et l'entourage du général de Gaulle, une volonté de partenariat que le Québec n'avait jamais connue auparavant. Cette chance ne se renouvellera probablement

jamais, mais elle aura laissé un esprit et des institutions qui s'avéreront probablement impérissables.

Sans ce général féru d'histoire, le volet international de la modernisation accélérée du Québec se serait probablement révélé sans grand intérêt[27]. Il jouissait, dans l'administration publique française, d'appuis qui lui permirent de mettre de l'avant ses préoccupations à l'égard du Québec, même si plusieurs ne partageaient pas son enthousiasme pour l'évolution du Québec. C'était une occasion unique dont le Québec n'a pas su profiter autant qu'il aurait pu. Rien n'avait préparé le Québec à une telle occasion et rien de comparable ne lui est arrivé depuis. De Gaulle demeure l'acteur extérieur le plus important de toute la politique étrangère québécoise[28]. Si la Révolution tranquille a permis au Québec de donner le coup d'envoi à ses relations internationales, c'est De Gaulle qui en a permis le développement. C'est de France qu'est venue la vision la plus claire et la plus constante de ce que le Québec pouvait faire sur le plan international. Une partie importante de la formulation de la politique internationale du Québec fut conséquemment une réaction à la vision gaullienne. Cette formation fut étrangère à ce qui pouvait être mis en œuvre par Québec.

En une seule phrase, De Gaulle a cristallisé l'enjeu politique principal au Québec. Pendant l'été qui a vu Montréal devenir une ville internationale et durant lequel le Canada célébrait le centenaire de son existence en tant qu'union politique et économique, les mots de De Gaulle ont fait le tour du monde, le tour d'un monde qui n'était pas conscient des difficultés constitutionnelles du Canada. Trente ans plus tard, cette question demeure au cœur des problèmes politiques du Canada.

Le gouvernement de De Gaulle a mis en place une politique à long terme qui a permis au Québec d'acquérir une présence internationale. La participation du Québec dans la Francophonie lui a valu de consolider sa place dans le champ des relations internationales (Thérien *et al.*, 1993, p. 265). Les gains qui devaient être faits dans la Francophonie ont été faits[29]. Malone (1973, p. 310) concluait

---

27. Voir Claude MORIN (1989), compte rendu de Dale THOMSON (1988). *Vive le Québec libre!*, Toronto, Deneau, *Recherches sociographiques*, vol. 30, p. 113.
28. Entretien avec Claude Morin, février 1994.
29. C'est à tout le moins l'opinion des fonctionnaires fédéraux interviewés sur le sujet. Sur l'équilibre que cherche à maintenir la diplomatie française entre ses intérêts québécois et canadiens, voir aussi Christian RIOUX (1995). « Le vote référendaire : la France est satisfaite du résultat serré », *Le Devoir*, novembre, page A-5.

que, pour créer un contrepoids à la zone d'influence économique nord-américaine, le Québec devait développer le volet culturel de sa politique étrangère. Il ajoutait que, pour les dirigeants québécois, les relations directes avec la France étaient essentielles. Du côté français, l'appareil étatique bien développé a poussé cette croissance en accéléré, mais du côté québécois, il fallait tout improviser. Après la visite de De Gaulle, la France offrait au Québec plus qu'il ne pouvait accepter[30]. Ce fut une occasion manquée.

La Révolution tranquille, l'asymétrie de la fédération cana-dienne et les relations commerciales avec les États-Unis étaient des préalables nécessaires à l'éclosion d'une politique étrangère québé-coise, mais Charles de Gaulle en fut l'élément essentiel. Il était le premier, et demeure le seul, chef d'État à vouloir établir des relations directes et permanentes avec le Québec. Sans lui, le Québec n'aurait pas développé la capacité internationale qui est la sienne. En éta-blissant des liens avec le Québec, la France lui donnait la possibilité d'avoir des relations internationales sans la permission d'Ottawa et de pénétrer ainsi dans une zone grise constitutionnelle[31].

La France a donné aux relations internationales du Québec une visibilité qui lui aurait autrement fait défaut. Encore aujourd'hui, le véritable mandat du délégué général du Québec à Paris, qui demeure le poste le plus prestigieux dans le réseau, est de donner de la visibilité au Québec sur le plan politique[32]. La France demeure le pays le plus enclin à reconnaître un Québec souverain si tel devenait le cas. Il y a des nuances dans la position française afin de ménager Ottawa mais des signaux favorables à la souveraineté sont lancés par les gaullistes[33]. Cette sympathie fut manifestée fortement lors de la visite du premier ministre Parizeau en janvier 1995, ce qui créa des remous à l'ambassade canadienne qui ont dû nuire aux

---

30. Entretien avec Claude Morin, janvier 1994.
31. *Idem.*
32. Selon des entrevues réalisées avec des fonctionnaires du MRI. Au fil des dernières années, on a aussi insisté en France sur le développement des exportations. Voir aussi Michel DOLBEC (1996). « Québec soigne ses alliances françaises », *La Presse*, 13 janvier, page A-14.
33. Voir Christian RIOUX (1995). « Le Québec n'est pas Mururoa », *Le Devoir*, 22 septembre, pages A-1 et A-12. Michel DOLBEC (1995). « Pas de nuages à l'horizon à Paris », *Le Devoir*, 12 juin, page A-3. Michel VENNE (1995). « Chirac au Québec : Séguin assure qu'après un oui, la France sera aux côtés du Québec », *Le Devoir*, 13 septembre.

relations France–Canada par la suite[34]. Il est cependant possible que
la France, membre de l'Union européenne, suive une position européenne commune (Mace, Bélanger et Bernier, 1995, p. 131). Le
gouvernement français a aussi en politique étrangère d'autres dossiers qui requièrent son attention. Les relations France–Québec
demeurent néanmoins l'assise la plus solide de la politique internationale du Québec et sont pour le moment au beau fixe. Le gouvernement français a même tenu à déclarer récemment qu'il croyait à
l'intangibilité des frontières du Québec en écho au débat post-réfé-
rendaire[35]. Lors de sa nomination à Paris, André Dufour avait
résumé l'évolution du Québec dans ce dossier : « De quêteux, il y a
vingt ou trente ans, nous sommes devenus partenaires avec la
France[36]. »

----

34. L'ambassadeur canadien traita alors celui qui est président de l'Assemblée
    nationale française de *loose cannon*. Son second à l'ambassade critiqua les
    journalistes canadiens couvrant la visite pour leur sympathie souverainiste.
    M. Chrétien ajouta que Jacques Chirac avait autant de chance de devenir
    président que le PQ de gagner son référendum, etc. Messieurs Balladur et
    Chirac sont alors allés aussi loin que possible dans leurs promesses de
    reconnaître un Québec souverain. Voir Denis LESSARD (1995). « Les propos
    de Bouchard provoquent des remous », *La Presse*, 25 janvier, page A-1. Denis
    LESSARD (1995). « La déclaration du premier ministre Baladur a surpris les
    stratèges péquistes et l'ambassade canadienne », *La Presse*, 27 janvier, page
    A-1. Denis LESSARD (1995). « Parizeau à Paris : du déjà-vu », *La Presse*,
    28 janvier, page A-19. Christian RIOUX (1995). « Balladur et Chirac s'enga-
    gent à reconnaître un Québec souverain », *Le Devoir*, 27 janvier, pages A-1
    et A-12. À noter que la visite l'année précédente de Lucien Bouchard à Paris
    avait aussi provoqué certaines tensions à l'ambassade qui avait cependant
    rendu les services qu'elle doit rendre au chef de l'Opposition en visite. La
    visite de Bernard Landry pour préparer celle de Jacques Parizeau avait
    aussi provoqué une certaine agitation.
35. Voir les documents préparés autour des Sommets de la Francophonie et les
    revues de presse lors de ces sommets. Voir aussi Michel DOLBEC (1996). « La
    France croit à l'intangibilité des frontières du Québec », *La Presse*, 21 février,
    page B-4 et Michel DOLBEC (1996). « Québec–France : le dossier de la coopé-
    ration prend un nouveau souffle », *La Presse*, 24 février, page E-11.
36. Gilles LESAGE (1991). « En 20 ou 30 ans, de quêteux à partenaires avec la
    France, André Dufour plus diplomate que politicien », *Le Devoir*, 8 février
    1991, page B-1.

Un produit d'exportation : les querelles fédérales-provinciales   4

Le Québec a connu ses premiers succès sur la scène internationale avant l'arrivée au pouvoir de Trudeau en 1968. La politique étrangère du Québec s'est également développée rapidement durant les années 1980, lorsque l'économie est devenue une priorité et après la retraite de Trudeau. Cette coopération fut particulièrement remarquée lors des négociations menant aux accords de libre-échange (Brown, 1993). Dans le présent chapitre, nous verrons à quel point la politique internationale québécoise fut développée en l'absence d'un statut juridique clair pour le Québec. Ce flou juridique a eu un impact considérable sur cette politique, la rendant vulnérable aux aléas de la vie politique et à l'hostilité d'Ottawa surtout sous Trudeau. Nous abordons ensuite les raisons de cette hostilité du fédéral envers cette politique. Elles relèvent autant de considérations administratives que culturelles.

Le gouvernement du Québec a dû modeler sa politique extérieure en réaction à une autre influence que les pressions françaises. Les relations fédérales-provinciales et les relations internationales sont inextricablement liées au Québec depuis le milieu des années 1960[1].

---

1. Il existe sur cette relation des ouvrages importants autant en droit qu'en science politique. Voir les travaux de Louis Sabourin, ou de ses étudiants, dont sa thèse de doctorat intitulée *Canadian Federalism and International Organization: A Focus on Quebec*, Ph.D. dissertation, Columbia University, New York, 1971. Voir aussi Sean Emmet RILEY (1984). *Federalism and Canadian Foreign Policy, 1945-1980*, D.Phil. thesis, Oxford University.

C'est, selon Morin (1994, p. 192-193), dans ce dossier des relations internationales que les querelles entre Ottawa et Québec furent les plus acrimonieuses. Le gouvernement fédéral a consacré des efforts considérables et des fortunes depuis trente ans pour conserver la prérogative d'être le seul porte-parole international canadien. Il voulait éviter une situation par laquelle d'autres pays seraient tentés de suivre le précédent créé par la France. Le gouvernement du Québec, lui, souhaitait que les gouvernements des autres pays francophones emboîtent le pas à la France. Il est bon de rappeler à ce propos que jusque dans les années 1980, l'organisation chargée des activités internationales du Québec avait aussi la responsabilité des relations fédérales-provinciales. En 1967, quand le gouvernement Johnson a créé le ministère des Affaires intergouvernementales, il a choisi ce nom afin d'éviter une confrontation inutile avec Ottawa au sujet des actions internationales du Québec.

Au départ, le lien institutionnel établi avec les relations fédérales-provinciales a donné aux relations internationales une aura qu'elles n'auraient pas eue autrement. Parce qu'elles étaient ainsi liées aux relations fédérales-provinciales, les relations internationales sont demeurées au centre des préoccupations gouvernementales québécoises. À plus long terme, cette relation est devenue nuisible parce qu'elle empêchait la politique internationale d'avoir sa logique propre. Le jeu joué sur le plan international permettait au Québec de progresser dans sa recherche d'un statut constitutionnel différent. C'était une autre façon de remettre en cause la légitimité de l'État fédéral canadien (Guindon, 1978). C'est le débat entrepris par Gérin-Lajoie.

Selon le fédéral, seul le gouvernement du Canada est habilité à conclure des accords avec des gouvernements étrangers. Cela explique pourquoi le gouvernement du Québec a plutôt conclu des *ententes* depuis 1965[2]. Les relations internationales jouaient un rôle utile lors des discussions avec le gouvernement fédéral sur la nécessité de transformer l'union politique canadienne. Les décideurs n'étaient donc pas forcément particulièrement préoccupés par le contenu même de la politique étrangère.

Le système canadien de représentation internationale est asymétrique et le Québec est intervenu parce qu'il se trouvait mal

---

2. C'est à un fonctionnaire fédéral, Gerry Hardy, que l'on doit l'appellation « ententes » selon MORIN (1991, p. 397). « Entente » désigne les accords qui engagent la province et un gouvernement étranger.

représenté par le gouvernement fédéral[3]. Cela ne veut pas dire que les ambassades et consulats canadiens ne sont d'aucune utilité pour le Québec, mais signifie plutôt qu'ils ont toujours été plus proches des réseaux ontariens que de ceux du Québec. Dans une analyse interne préparée en décembre 1990, le MAI est arrivé à la conclusion que le réseau des 125 ambassades et consulats canadiens est incapable de représenter ni d'expliquer la spécificité québécoise, ou éprouve d'énormes difficultés à le faire. On y ajoute qu'il existe une tendance naturelle à parler pour le Canada anglais. Il faut cependant préciser que selon les cadres du MAI, durant l'ère Mulroney, la collaboration entre les missions canadiennes et les délégations québécoises était bien meilleure que pendant les années Trudeau.

Les actions internationales du Québec ont également entraîné un intérêt soudain du gouvernement canadien pour les pays de la Francophonie. Avant que le Québec ne commence à intervenir sur la scène internationale, les efforts du Canada se concentraient davantage sur les pays du Commonwealth, l'ancien Empire britannique. Avant 1965, le gouvernement du Canada ne consacrait que 0,4 % de son budget d'aide internationale aux pays de la Francophonie, proportion qui augmenta durant la seconde moitié de la décennie. C'est d'ailleurs Gérin-Lajoie qui devait devenir le haut fonctionnaire fédéral responsable de ce dossier. Mais cette aide fédérale était conditionnelle à la reconnaissance de la position fédérale au Canada (Granatstein et Bothwell, 1990, p. 409 ; Thérien, 1992).

---

3. Voir DEHOUSSE (1989 et 1991). NOSSAL (1989, p. 275-276) souligne que les provinces de l'Ouest peuvent aussi se plaindre de la mauvaise représentation du fédéral mais que le cas du Québec est particulier, ne serait-ce que par la force de la réaction fédérale qu'il a provoquée. Pour une vue d'ensemble de la politique extérieure canadienne depuis 1945, voir PAINCHAUD (1989). LISÉE (1990, p. 291) considère, a contrario, que les représentants canadiens ne sont pas nuisibles mais pèchent uniquement par omission. L'auteur de ces lignes a assisté à une démonstration convaincante de cette mauvaise représentation au Centre for Strategic and International Studies le 5 octobre 1992 en plein débat référendaire sur l'accord de Charlottetown lorsque Derek Burney, ambassadeur du Canada à Washington, fit un violent réquisitoire prédisant l'apocalypse si le Québec devenait souverain, ce dont il n'était guère question dans l'accord de Charlottetown. Burney utilisait le rapport de la Banque royale que celle-ci a regretté par la suite. Le successeur de Burney après le bref passage de John de Chastelain, Raymond Chrétien, n'est pas mauvais non plus pour exporter aux États-Unis son alarmisme sur l'avenir du Canada. Voir les notes de ses discours devant l'American Council for Quebec Studies à Washington en 1994 ou à l'Association for Canadian Studies in the United States à Seattle en 1995. Voir aussi Yann PINEAU (1994). « Une employée de l'ambassade du Canada au Japon dénigre Hydro », *La Presse*, Montréal, 12 octobre 1994.

Depuis le début des années 1960, le problème constitutionnel est un enjeu crucial au Canada et une priorité pour les gouvernements qui se sont succédé à Québec. Il a teinté la politique internationale comme les autres politiques gouvernementales. Sous la gouverne de Lesage, la modernisation rapide a été la cause d'une confrontation entre Ottawa et Québec. Johnson et Trudeau se sont affrontés en 1968 sur la question du partage des compétences. Le Parti québécois désirait en arriver à la souveraineté, mais il a perdu le référendum de 1980. Bourassa, entre 1970 et 1976, a vécu une crise constitutionnelle majeure en rapport avec la formule d'amendement de Victoria. À son retour au pouvoir en 1985, le gouvernement Mulroney tentait de faire passer l'*Accord du lac Meech*, puis l'*Accord de Charlottetown*. Le Parti québécois, revenu au pouvoir en 1994, a perdu son référendum sur la souveraineté mais parle d'en faire un autre après les soubresauts que le résultat serré de l'automne 1995 a occasionnés. Pourtant, comme le tableau 2.1 l'illustre, le nombre d'ententes signées par le gouvernement du Québec a augmenté après l'échec référendaire de 1980. La politique internationale a une existence propre.

4.1. Le partage des compétences au Canada

Selon l'étude sur la répartition des pouvoirs et fonctions dans les régimes fédéraux faite pour le gouvernement du Canada en 1991 dans sa préparation du référendum de Charlottetown, les relations internationales sont rarement l'apanage des gouvernements provinciaux ou des États fédérés (Herperger, 1991, p. 51). En général, la capacité d'avoir une politique étrangère repose dans les mains du gouvernement fédéral qui peut autoriser les États membres ou provinces à développer certaines activités internationales[4]. La défense est une juridiction fédérale exclusive sauf pour des dispositions mineures aux États-Unis et en Australie (Herperger, 1991, p. 30). Si on se limite aux pays occidentaux ayant un développement comparable à celui du Canada, le commerce extérieur est généralement une prérogative du gouvernement fédéral sauf en Australie et en Allemagne où il s'agit d'un pouvoir concurrent. L'exécution des traités est-elle aussi généralement laissée aux États fédéraux avec le consentement des États comme au Canada, ou partagée comme

---

4. Voir Herperger (1991) et Nossal (1989, p. 257). Voir aussi Daniel J. Elazar (1994). *Federal Systems of the World : A Handbook of Federal, Confederal and Autonomy Arrangements*, deuxième édition, Harlow, Essex, Stockton.

en Allemagne. En fait, « les plus fortes limites au pouvoir fédéral de conclure des traités se trouvent au Canada » (Herperger, 1991, p. 31). Herperger souligne que cette limite n'est pas inscrite dans la constitution mais est le résultat de la décision du Comité judiciaire du Conseil privé de 1937. Cette limitation de la capacité de conclure des traités est d'ailleurs reconnue à l'article 105 du *Traité de libre-échange nord-américain* qui souligne que l'accord ne s'applique pas forcément aux États et aux provinces.

Dans des fédérations comme l'Autriche, le Brésil, la Birmanie, l'Inde, la Suisse, l'Allemagne, l'Australie, la Malaisie et les États-Unis, le gouvernement central a le pouvoir d'exercer les droits de l'État souverain. En Australie, système fédéré d'origine parlementaire britannique comme le Canada, il n'y a guère eu de décisions juridiques pour clarifier la situation. Les relations internationales sont demeurées jusqu'en 1931 l'apanage de Londres, ce qui explique le laconisme de la *Constitution* sur ce sujet (Dehousse, 1991, p. 13-14). On y a d'ailleurs conservé le vocable « extérieures » plutôt qu'« étrangères » comme le Canada a longtemps fait. En Australie, le gouvernement fédéral, qui peut, après la conclusion d'un accord international, empiéter sur le pouvoir des États, a fait preuve de retenue (Dehousse, 1991, p. 69-76). Il faut dire que la géographie limite en Australie les possibilités de relations transfrontalières.

Dans le droit international érigé depuis le *Traité de Westphalie*, un État souverain détient quatre droits : le *jus belli*, le droit de déclarer la guerre ; le *jus legationis*, le droit d'envoyer et de recevoir des agents diplomatiques ; le *droit d'ester en justice* ou le droit d'avoir directement accès aux instances internationales, principalement la Cour internationale de justice ; et le *jus tractatum*, le droit de négocier et de conclure des traités (Patry, 1983, p. 20 ; Morin, 1987 ; Nossal, 1989, p. 256). Dans les systèmes fédéraux, un *länd*, un État ou une province peut généralement, avec le consentement du gouvernement central, conclure des traités avec des pays étrangers, dans des matières relevant de ses compétences. La mise en œuvre des traités exige plus souvent le consentement des gouvernements étatiques.

En Grande-Bretagne, État unitaire, on a laissé au Scottish Office certains pouvoirs sur des questions domestiques. Pour l'instant, le gouvernement conservateur s'oppose à une plus grande dévolution des pouvoirs (Keating, 1993, p. 108-110). Des représentants écossais ont toutefois pris part à des négociations au sein de la communauté européenne, sur les pêcheries par exemple (Keating et Waters, 1985, p. 72). On peut y voir un exercice externe des compétences internes. En Espagne, autre régime unitaire, de la même façon, les régions, dont la Catalogne plus particulièrement, ont obtenu une certaine autonomie, mais elles dépendent des transferts financiers du gouvernement espagnol (Keating, 1993, p. 352-358). Selon la *Constitution* espagnole (article 149), l'État central conserve la responsabilité des relations internationales (Lopez, 1985, p. 253).

Au Canada, l'*Acte de l'Amérique du Nord britannique* (*AANB*) de 1867 ne spécifiait pas clairement qui avait compétence en matière de politique étrangère. La *Loi constitutionnelle de 1982*, que le Québec a refusé de signer, ne règle pas non plus la question de la compétence provinciale en matière d'affaires internationales (Nossal, 1989, p. 258-259). Contrairement aux États-Unis, le Canada n'a pas une constitution écrite, malgré le rapatriement de 1982 et l'enchâssement d'une charte des droits et libertés. Dans la tradition britannique, bien que l'*AANB* soit la pièce maîtresse de l'ensemble, il faut prendre en considération un certain nombre d'autres documents, principalement le *Statut de Westminster* de 1931, la *Colonial Laws Validity Act* de 1865 et les différentes lois consacrant l'admission de nouvelles provinces dans l'union fédérale. Existe aussi la *Foreign Agency Act* britannique, datant de l'époque coloniale, qui permet à six provinces canadiennes d'ouvrir des bureaux à Londres et dans d'autres colonies, comme à Hong Kong où huit provinces sont représentées[5]. Ces délégations bénéficient de certains privilèges diplomatiques.

L'*AANB* ne donnait de pouvoirs au gouvernement du Canada qu'en raison de son appartenance à l'Empire britannique et à la lumière des obligations que se devaient l'Empire et les pays étrangers. Le Canada n'est officiellement devenu un pays indépendant qu'en 1931, avec le *Statut de Westminster*. Même en 1939, le Canada est entré en guerre contre l'Allemagne une semaine seulement après la Grande-Bretagne. En 1946, les consuls britanniques aux États-Unis validaient encore les passeports canadiens. On pourrait avancer que les derniers vestiges de l'époque coloniale ne sont disparus qu'en 1949, lorsque la Cour suprême du Canada a pris la relève du Comité judiciaire du Conseil privé britannique à titre de plus haute instance d'appel au Canada. Le rôle du Parlement britannique quant à lui ne s'est terminé qu'en 1982 avec le rapatriement de la *Constitution*.

---

5. Chiffres tirés d'un mémo de l'Office of the senior advisor for federal-provincial relations, Gouvernement du Canada, Ottawa, 9 octobre 1991.

Jusqu'à la fin des années 1920, les relations officielles entre le Canada et les autres pays empruntaient les canaux britanniques. Le Colonial Office et le Foreign Office de Londres avaient la charge des affaires internationales du Canada. En fait, le Canada a conclu son premier traité – sur la pêche au flétan – avec les États-Unis en 1923, huit ans avant le *Statut de Westminster*. C'est l'article 91 de l'*AANB* qui régissait les échanges commerciaux, et des représentants commerciaux furent dépêchés à l'étranger sans bénéficier du statut diplomatique.

En 1867, les gouvernements provinciaux obtinrent compétence en matière d'affaires locales, le gouvernement impérial de Londres conserva les affaires internationales et le gouvernement fédéral canadien reçut les compétences qui restaient, ce qui n'était tout de même pas rien. Il n'était pas prévu dans l'*AANB* de 1867 que le Canada deviendrait un pays souverain. Le gouvernement fédéral a le pouvoir de légiférer pour « la paix, l'ordre et le bon gouvernement » dans toutes les matières qui ne sont pas du ressort exclusif des provinces et peut désavouer les lois des provinces, ce qu'il n'a pas fait depuis des lustres. En pratique, les frontières entre les juridictions sont assez floues. Le seul article de l'*AANB* qui traite de relations internationales est l'article 132 tombé en désuétude en 1931 (Nossal, 1989, p. 258) :

> Le Parlement du Canada aura tous les pouvoirs nécessaires pour remplir envers les pays étrangers, à titre de partie de l'Empire britannique, les obligations du Canada ou de l'une quelconque de ses provinces, naissant des traités conclus entre l'Empire et ces pays étrangers ».

Selon Malone (1974, p. 104-105) qui le cite aussi, ce texte ne posait pas problème jusqu'au *Statut de Westminster* qui conférait les pouvoirs en matière de relations internationales aux Parlements des dominions. C'est la portée de cet article qui fut limitée par le Comité judiciaire du Conseil privé de Londres en 1937. On aurait pu, lors de son rapatriement en 1982, amender la *Constitution* pour clarifier le rôle des provinces en matière internationale, mais le clair-obscur de 1867 est demeuré (Nossal, 1989, p. 258-259).

Le véritable avantage que revêtait la confédération pour le Québec, alors « foyer national des Canadiens français », résidait dans l'assurance d'un certain nombre de pouvoirs, quoique limités, sur la gestion de ses propres affaires (Silver, 1982). Jusque dans les années 1960, en raison d'une idéologie trop conservatrice ou d'un manque d'imagination de la part de ses leaders, l'État du Québec est demeuré une organisation embryonnaire aux capacités limitées. Le problème relevait moins d'un manque de compétences constitutionnelles que de l'usage qui en fut fait. Après le passage d'Honoré Mercier en France à la fin du XIXe siècle, il fallut attendre Jean Lesage pour qu'un premier ministre s'y rende. La fermeture des délégations du Québec dans la première moitié du siècle n'avait guère soulevé de débats non plus.

Les provinces avaient-elles le droit de se livrer à des activités à caractère international, en vertu de la *Constitution* canadienne qui est, parmi divers systèmes occidentaux (l'Australie, les États-Unis, l'Allemagne et le Canada), la plus muette sur le sujet ? Ce laconisme explique les difficultés rencontrées depuis trente ans (Craven, 1993, p. 15). Le Comité judiciaire du Conseil privé s'est prononcé sur cette question dans son arrêt de 1937, dans l'affaire des conventions du travail, résumée ainsi par Barry Farrell (1969, p. 132-133, notre traduction) :

> En 1935, le Parlement fédéral a voté trois lois établissant un certain nombre de normes nationales en matière de salaire minimum et d'heures de travail hebdomadaires. Ces lois avaient pour objectif de donner effet à certaines conventions de l'Organisation internationale du travail auxquelles avait adhéré le Canada. Il y avait la Weekly Rest in Industrial Undertakings Act, qui rendait obligatoire une période de repos de 24 heures consécutives à tous les sept jours, pour tous les employés de toutes les entreprises industrielles ; la Minimum Wage Act, qui donnait au ministre du Travail le pouvoir de mettre sur pied les mécanismes permettant d'établir des salaires minimums dans certains métiers spécifiques ; et la Limitation of Hours of Work Act, qui fixait à huit heures la durée de la journée de travail, et à 48 heures, la semaine de travail, dans les entreprises industrielles. En 1937, la constitutionnalité de ces lois fut contestée et le Comité judiciaire du Conseil privé décida qu'elles ne relevaient pas de la compétence du Parlement fédéral.

Les motifs de la décision étaient les suivants : 1) les lois ne visaient pas la mise en œuvre d'un traité de l'Empire britannique et n'étaient donc pas de la compétence du Parlement fédéral en vertu de l'article 132 de la Loi constitutionnelle de 1867, et 2) les lois ne répondaient pas à une situation d'urgence et ne tombaient dès lors pas sous le coup de la disposition générale de l'article 91 de la Loi constitutionnelle de 1867, qui donnait au Parlement du Canada le pouvoir de faire des lois pour «la paix, l'ordre et le bon gouvernement du Canada». Cette disposition fut interprétée de façon à ce qu'elle ne puisse trouver application que dans les cas d'urgence nationale : guerre, épidémie ou famine, mais pas la dépression économique qui sévissait au moment où la cause fut entendue. On peut conclure, d'après le raisonnement de la Cour, que le gouvernement fédéral et le Parlement auraient de la difficulté à justifier le fait de conclure ou de mettre en œuvre en temps de paix des accords ou des traités internationaux en des matières relevant de la compétence des provinces, selon la lettre même de la *Constitution*.

Dans l'affaire des Conventions du travail (1937), le Comité judiciaire du Conseil privé décida que « le partage des compétences législatives entre le Dominion et les provinces (en matière de mise en œuvre des traités) est fondé sur des classes de sujets ; si un traité relève d'une classe de sujets donnée, le pouvoir de légiférer en vue de sa mise en œuvre en découle de la même façon » (Nossal, 1989, p. 260, notre traduction). Cette décision tentait de régler le dilemme résultant de la compétence juridictionnelle sur les processus menant à la formulation et à l'exécution des obligations découlant de traités internationaux. La préservation de l'autonomie provinciale inhérente à la décision du Comité judiciaire limite le pouvoir fédéral de garantir l'exécution des obligations découlant de ses traités avec d'autres pays lorsque des matières de compétence provinciale sont en jeu (Herperger, 1991, p. 31). Pour plusieurs analystes, cette décision a érigé les entraves les plus importantes au pouvoir fédéral de conclure des traités. Dans son discours de 1965, Gérin-Lajoie ne fait pas référence à cet arrêt, mais plutôt à une décision de 1883[6].

Dans les archives de Paul Gérin-Lajoie, on a conservé les avis juridiques rédigés par un conseiller, Jacques Robichaud. Ces avis illustrent un désir de ne pas intervenir en matière internationale au-delà des champs de compétence provinciale, mais aussi une volonté de coopérer avec Ottawa. Robichaud suggère dans ce premier avis de profiter des échanges avec l'étranger pour former des fonctionnaires à l'international et pouvoir éventuellement obtenir une certaine consécration juridique de ces activités. En même temps, dans un second avis, Robichaud recommandait que le Québec garde toutes les portes ouvertes en ne signant aucun accord avec Ottawa

---

6. *Hodge against the Queen*, 1883, 9, Appeal Cases 117. En 1967, Gérin-Lajoie cite à nouveau ce cas dans son discours à l'Assemblée nationale lors du débat sur la création du ministère des Affaires intergouvernementales. Sur ce sujet, voir Bernier (1973, p. 51-64).

qui pourrait compromettre ses possibilités d'avenir. Dans un troisième avis, il recommande que le Québec signe des ententes pour faire reconnaître sa compétence internationale dans les principes. Dans tous ces avis, l'auteur exprime très clairement ce que, légalement, le Québec peut et ne peut pas faire selon qu'il a ou non la permission d'Ottawa[7]. Dans une de ces notes internes, le conseiller de Gérin-Lajoie proposa, en 1965, que les interventions internationales du Québec soient réparties entre les ministères compétents : Industrie, Affaires culturelles et Éducation, entre autres. La stratégie mise en place visait à empêcher Ottawa d'être pleinement conscient de ce qui se passait. Disséminer ainsi dans un premier temps les éléments des affaires étrangères du Québec a aussi eu la conséquence suivante : le ministère, qui, plus tard, devint officiellement responsable de la coordination de la politique étrangère du Québec, éprouva aussi des difficultés à remplir son mandat.

Depuis 1937, ni les gouvernements provinciaux ni le gouvernement fédéral n'ont osé demander à la Cour suprême de déterminer qui a compétence en matière de politique étrangère en vertu de la *Constitution*. Une des conséquences : très peu de lois québécoises encadrent ses actions internationales. Au cours de la période 1960-1987, seulement trois lois concernant la politique internationale ont été édictées. Ces trois lois correspondent à trois propositions, comparativement à un total de 171 propositions dans les programmes des partis. Il y a la *Loi concernant les agents ou délégués généraux de la province*, la *Loi concernant l'Office franco-québécois pour la jeunesse* et la *Loi assurant l'application de l'entente sur l'entraide judiciaire*. On constate donc un contraste évident avec les autres domaines d'intervention politique. Le gouvernement fédéral a pu craindre que la Cour suprême ne confirme la décision de 1937, mais il a aussi pu espérer que Gérin-Lajoie finisse par être remplacé par quelqu'un de plus flexible et le Québec, par se retirer du champ des relations internationales[8]. Le Québec a donc pu profiter d'un certain flou juridique pour établir sa politique. Par contre, comme Mazmanian et Sabatier (1989) le suggèrent, la mise en œuvre est rendue plus difficile lorsque les règles l'entourant ne sont pas claires. On peut présumer que ni Québec ni Ottawa ne considèrent leur cause suffi-

---

7. Ces avis sont intitulés « La personnalité internationale du Québec : une approche fonctionnelle » du 5 février 1965, « Procédure envisagée pour l'exercice de la personnalité internationale du Québec dans les domaines de sa compétence » du 30 avril 1965 et « La présence québécoise aux conférences internationales » du 30 avril 1965.
8. Entrevue avec Claude Morin en mars 1994.

samment solide pour vider le débat juridique sur les activités internationales du Québec.

Les partis politiques québécois furent eux aussi assez silencieux sur le sujet. Les programmes électoraux québécois établissent par ailleurs un lien beaucoup plus direct entre les questions constitutionnelles et les affaires internationales. Ces programmes et lois du Québec ont fait l'objet d'une analyse de contenu exhaustive. Ils ont été subdivisés en propositions, dans lesquelles étaient spécifiés l'intervenant, le verbe employé par celui-ci, le contenu ou le sujet de l'intervention et le groupe cible de l'intervention (Landry et Duchesneau, 1987 ; Landry, 1992). Les partis politiques québécois traitent peu d'affaires internationales dans leurs programmes électoraux. Des 7887 propositions contenues dans ces programmes entre 1960 et 1989, 171 concernent les affaires internationales comparativement à la politique économique (847), le travail (646), l'éducation (591), la justice (415), l'agriculture (350) et la *Constitution* (315), mais devant les finances publiques (27), l'immigration (136), les communications (119) et la langue française (135) (voir le tableau 4.1). Des 32 champs d'intervention politique du gouvernement du Québec, les affaires internationales sont au 18e rang par le nombre de propositions.

On constate au tableau 4.1 que la question internationale reçoit un traitement qui diffère d'une décennie à l'autre. Dans les années 1960, à l'époque des premiers essais, les partis ne font pas référence à ce domaine dans des programmes encore relativement courts. Durant les années 1970, alors que les programmes électoraux deviennent de plus en plus longs, le pourcentage des propositions consacrées à l'international augmente pour doubler après 1981.

Dans les programmes électoraux de 1960, une seule des 132 propositions concernait les affaires extérieures. Dans les programmes de 1962, il n'y en avait aucune. Entre 1966 et 1981, moins de 2 % des propositions contenues dans les programmes électoraux concernaient les affaires internationales, alors même que le nombre total de propositions augmentait rapidement. En 1985 et 1989, les partis politiques du Québec ont sans doute pris conscience du phénomène de la globalisation, et la proportion des propositions concernant les affaires internationales franchit le seuil des 3 %. Au total, des 171 propositions sur le sujet, 156 provenaient du Parti québécois 13 du Parti libéral et 2 de l'Union nationale. Dans les programmes du Parti québécois, les propositions prévoient ce qu'il faudrait faire sur le plan international advenant que le Québec devienne souverain. Les partis politiques du Québec promettaient une politique étrangère, mais qui ne ciblerait pas des groupes particuliers dans la population : elle figurerait plutôt dans la mission gouvernementale et administrative. Dix-huit de ces propositions suggèrent la création d'institutions. Quatre propositions sur 160 suggèrent que les pouvoirs du gouvernement québécois soient accrus par rapport à ceux du fédéral. Neuf propositions concernent le développement économique.

Théoriquement, les intentions politiques des partis devraient éventuellement se traduire en lois à mettre en place. Dans les programmes politiques, on compte 7716 propositions dans des domaines autres que les affaires internationales. Dans ces domaines, on trouve un total de 9575 propositions dans les textes législatifs. On peut donc conclure, au vu de ces chiffres, que les partis politiques ne sont pas les seuls à formuler des propositions finissant par se retrouver dans les lois. Il se peut que les fonctionnaires ajoutent leurs propres propositions dans la formulation de politiques et de lois. Cette recherche confirme les intuitions de Morin (1987) sur l'origine de cette politique au cours de la Révolution tranquille. Ce domaine d'intervention tranche sur les autres en ce qu'il ne fut guère mené par les partis politiques mais vint de la machine gouverne-mentale, ce que le modèle de Kingdon prévoit également.

L'une des raisons de cette différence réside peut-être dans la nature des propositions qui concernent les affaires internationales. Plusieurs des propositions émanant du Parti québécois évoquent l'après-indépendance : l'OTAN, le NORAD, l'ONU, la Francophonie, les droits de la personne, etc. Jusqu'à nouvel ordre, aucune de ces propositions ne peut se traduire en termes législatifs. Le Parti libéral s'intéresse davantage aux enjeux économiques : le maintien de bonnes relations avec les États-Unis, le développement des mar-chés africains, etc.

On peut prendre en considération une intention d'éviter un affrontement avec Ottawa sur la question de ce que peut et ne peut pas faire le Québec, de façon à éviter d'interroger la Cour suprême à ce propos. Il se peut aussi que la méthode d'analyse choisie cause problème. Évidemment, la catégorie « affaires internationales » ne tient pas compte de l'impact des affaires internationales sur les autres lois. Toujours est-il que cette politique internationale est mise en œuvre avec très peu de balises légales. Autant le cadre fédéral est une structure qui limite ce que le Québec peut faire sur le plan international, autant cette politique n'a pas de cadre légal institutionnalisé.

Tableau 4.1

Les propositions d'intervention dans les programmes électoraux québécois (1960-1969)

Année	Fréquences en international	Pourcentage	Autres fréquences	Total des fréquences
1960	1	0,71	140	141
1962	0	0	132	132
1966	1	0,28	354	355
1970	16	1,95	805	821
1973	16	1,75	957	973
1976	19	1,75	1 087	1 106
1981	37	1,82	2 036	2 073
1985	51	4,16	1 226	1 277
1989	30	3,06	979	1 009
Total	**171**	**2,17**	**7 716**	**7 887**

Source : Données cumulées par le Groupe de recherche en interventions gouvernementales, Département de science politique, Université Laval, voir LANDRY (1992).

4.2. Les Canadiens français à Ottawa et la politique étrangère du Québec

Le Québec a ouvert sa délégation à Paris en 1961, dans l'indifférence la plus totale du fédéral. Ce qui se passait au Québec n'intéressait à peu près pas le gouvernement Diefenbaker, qui, de toute façon, y comprenait moins que rien (Malone, 1974, p. 258-259). L'ambassade canadienne a essayé de faire en sorte que la délégation québécoise obtienne un certain statut diplomatique. Porté au pouvoir en 1963, Pearson n'était pas pressé d'en arriver à une confrontation avec le gouvernement Lesage. Pearson tentait d'en arriver à un nouvel équilibre entre les demandes du Québec et la nécessité de préserver les pouvoirs essentiels d'Ottawa. En 1964, il demanda lui aussi au premier ministre français Georges Pompidou de conférer un statut diplomatique à la délégation du Québec à Paris. Cela devait finalement se produire un peu plus tard, en 1964, à la demande de Lesage. Le gouvernement Pearson était davantage préoccupé par de nouveaux empiétements possibles des provinces sur sa capacité internationale. Les premières inquiétudes vinrent en 1965 avec la signature des ententes et les discours de Gérin-Lajoie. Puis, en 1966, l'Union nationale fut portée au pouvoir, mettant ainsi fin à la complicité des gouvernements libéraux dans les deux capitales.

Tant que le gouvernement du Québec ne souhaitait pas entreprendre des actions à l'échelle internationale, la question demeurait théorique. Ce n'est qu'avec la prolifération des interventions provinciales durant la seconde moitié des années 1960 que le gouvernement canadien a décidé de réagir, réaction qui culmina en 1968 avec la publication de *Fédéralisme et relations internationales* (voir Martin, 1968). Dans cette plaquette, le gouvernement fédéral affirmait de nouveau qu'il était le seul à détenir le pouvoir d'agir au nom du Canada, c'est-à-dire de négocier et de conclure des traités, d'appartenir à des organisations internationales, ainsi que d'accréditer et de recevoir des diplomates. Remettre la souveraineté canadienne entre les mains d'«intérêts provinciaux, linguistiques et culturels entraînerait la désintégration de la fédération canadienne», pouvait-on y lire.

Une des principales réactions du fédéral à l'époque fut de faire passer l'aide aux pays francophones de 300 000 $ par an entre 1961 et 1963 à 4 millions en 1964 puis à 7,5 millions en 1965. Lorsque le Québec a commencé à développer ses relations internationales, le ministère des Affaires étrangères était un ministère essentiellement anglophone[9]. En 1965, dans les services centraux du ministère localisés à Ottawa, le français était la langue de travail écrite dans moins de 5 % des cas. Des 25 unités de travail ou divisions, 9 reconnaissaient ne jamais utiliser le français, oral ou écrit. Seule la division Europe sauvait la moyenne en utilisant le français dans 20 % des cas. « En septembre 1965, il n'y avait qu'un francophone, le sous-secrétaire d'État, parmi les titulaires des six postes les plus élevés à l'administration centrale. Aux échelons supérieurs, 17 % seulement du personnel étaient francophones » (Gouvernement du Canada, 1969, p. 151). L'équilibre linguistique avait été quelque peu rétabli

---

9. Voir DEHOUSSE (1989, p. 296) qui cite Gilles LALANDE (1968). *The Department of External Affairs and Bilingualism : Diplomatic Personnel and Language Use*, documents de la Commission royale sur le bilinguisme et le biculturalisme, volume 3, pages 163-198. Louis SABOURIN (1970). *La dualité culturelle et les activités internationales du Canada*, documents de la Commission royale sur le bilinguisme et le biculturalisme, volume 9, pages 13 et suivantes. J.L. GRANATSTEIN (1985). « The Anglocentrism of Canadian Diplomacy », dans A. FENTON COOPER (dir.). *Canadian Culture : International Dimensions*, Waterloo : Wilfrid Laurier University Press, pages 27-43.

par des parachutages politiques de francophones à la tête de missions diplomatiques à l'étranger alors que les chefs de poste anglophones avaient fait carrière (Gouvernement du Canada, 1969, p. 152). Seule l'ambassade et les consulats en France fonctionnent en français selon le même rapport de la commission Laurendeau-Dunton. Jules Léger présenta des lettres de créance en anglais au général de Gaulle lorsqu'il devint ambassadeur en France. Le gouvernement fédéral a par la suite fait des efforts pour corriger la situation, dont l'idée de nommer Paul Gérin-Lajoie à la tête de l'ACDI.

La politique étrangère du Québec s'est développée principalement alors que Pierre Trudeau était premier ministre du Canada, entre 1968 et 1984, malgré son opposition intraitable (Granatstein et Bothwell, 1990 ; Malone, 1974, p. 268 et suivantes). Durant cette période, les relations entre Ottawa et Québec pouvaient être qualifiées de belliqueuses.

En 1968, Trudeau, alors ministre de la Justice, a attiré l'attention au Canada en affrontant le premier ministre québécois, Daniel Johnson, dans une conférence constitutionnelle. Juste avant ladite conférence, le gouvernement fédéral avait publié son livre blanc *Fédéralisme et relations internationales*, qui fut distribué à tous les participants. Une fois Trudeau devenu premier ministre, les relations avec la France n'étaient pas très bonnes. De Gaulle refusa de recevoir Trudeau. Il écrivit : « Nous n'avons aucune concession ni même aucune amabilité à faire à M. Trudeau qui est l'adversaire de la chose française au Canada » (Granatstein et Bothwell, 1990, p. 121). Ces frictions durèrent jusqu'à ce que ce dernier prenne sa retraite en 1984. Pendant toutes ces années, son gouvernement demeura hostile à toute activité provinciale à l'étranger. C'est ainsi qu'on négocia la création de la délégation du Québec à Mexico en 1979, au cours des neuf mois pendant lesquels Joe Clark fut premier ministre. La participation du Québec au Sommet de la Francophonie en 1985 devait plus au fait que Trudeau avait pris sa retraite qu'à tous les efforts diplomatiques accomplis pendant ses seize années au pouvoir (Morin, 1987, p. 453 ; Thérien, 1992).

Selon Granatstein et Bothwell (1990), le ministère des Affaires extérieures, s'il fut négligé sous Trudeau, comprend en son sein des fonctionnaires de grande valeur. Ses deux meilleurs ministres furent Sharp et MacEachen qui étaient des reliquats de l'ère Pearson. Sous Trudeau, en plus du ministère, un conseiller spécial, Ivan Head, veillera sur la politique étrangère canadienne. Ce dernier qui fut plus ou moins inutile ou nuisible selon les points de vue (Sharp, 1994, p. 175; McCall et Clarkson, 1995), n'aidait certes pas à diminuer la paranoïa du ministère des Affaires extérieures.

Comme l'ont sévèrement noté Granatstein et Bothwell (1990, p. xiv), les données de base de la politique étrangère canadienne n'ont pas été transformées sous Trudeau, qui a cependant toujours réussi à offrir aux Canadiens une illusion de changement et d'intérêt pour la chose. Au début comme à la fin, les tensions fédérales-provinciales agirent comme un prisme à travers lequel étaient perçues et développées les relations internationales du Canada et du Québec.

Avec ou sans Trudeau, le milieu de la politique étrangère à Ottawa était hostile aux efforts du Québec. La réaction du ministère des Affaires extérieures à Ottawa s'explique par trois motifs tributaires l'un de l'autre (Farrell, 1969, chapitre 3). Le premier est historique. Les actions internationales du Québec entravaient, selon les dirigeants du service extérieur canadien, leurs propres efforts, entrepris réellement moins de vingt ans auparavant. Le second est culturel. Au cours des années 1960, des Canadiens français se rendaient pour la première fois au sommet de la hiérarchie du ministère des Affaires extérieures, pour se faire répliquer par le Québec qu'ils ne représentaient pas adéquatement leur province. Le troisième est bureaucratique. Le ministère des Affaires extérieures ne voulait pas être contesté par les provinces alors qu'il cherchait à réaffirmer son pouvoir face aux autres ministères.

Les dirigeants du service extérieur canadien n'avaient aucune envie de partager les pouvoirs qu'ils avaient si récemment arrachés au Colonial Office. Le ministère des Affaires extérieures fut créé par une loi de 1909, et ses premiers bureaux se trouvaient au-dessus d'un salon de coiffure. On avait choisi le nom «Affaires extérieures», plutôt qu'«Affaires étrangères», de façon à inclure sous le chapeau de ce ministère à la fois les affaires impériales et les relations du Canada avec les pays étrangers. (Les pays membres du Commonwealth ne sont pas considérés comme des pays étrangers.) Jusqu'en 1946, c'est le premier ministre qui détenait le portefeuille des Affaires extérieures. Sous la direction du légendaire O.D. Skelton, qui devint sous-secrétaire d'État en 1925, on embaucha davantage de généralistes bien éduqués que de spécialistes. Très longtemps, l'organisation demeura plutôt officieuse, ce qui faisait en sorte qu'il était difficile pour quiconque de l'extérieur de comprendre qui exactement faisait quoi. Sous Mackenzie King, le ministère des Affaires extérieures eut un accès hors de l'ordinaire au premier ministre.

À tous ces égards, le Québec faisait la même chose durant les années 1960. Les mandarins d'Ottawa regardaient l'histoire se répéter. De plus en plus, ils avaient dû partager leur pouvoir en matière d'affaires internationales avec les ministères canadiens de la Défense et de l'Industrie et du Commerce, et il est possible qu'ils aient vu leur rôle s'effriter davantage au moment même où ils auraient pu connaître leur âge d'or et alors que l'un des leurs, Lester B. Pearson, était devenu premier ministre du Canada. Selon Morin (1994, p. 191), le Québec a servi au gouvernement fédéral la recette qu'il avait lui-même employée vis-à-vis de Londres pour développer ses relations internationales : il a accumulé les précédents, ce qui rendait Marcel Cadieux de mauvaise humeur.

Avant 1939, la très petite équipe travaillant aux relations internationales du Canada ne nécessitait guère une structure formelle (Nossal, 1989, p. 208). La croissance fut ensuite rapide. En 1945, le Canada entretenait 22 missions à l'étranger puis 101 en 1970. Pour la même période, le nombre de membres du *foreign service* passa de 67 à 725. Le commerce extérieur et l'immigration continuaient pendant cette période à échapper au ministère des Affaires extérieures, comme ce qui devait devenir l'ACDI en 1968 (Nossal, 1989, p. 209). Lester B. Pearson devait successivement être sous-ministre puis ministre et finalement premier ministre. Trudeau ne se sentait pas autant de sympathie pour le ministère. Sous son règne, un système de comités interministériels fut établi pour discuter les propositions venant des Affaires extérieures. La consolidation des différents services internationaux au ministère ne devait se faire qu'en 1982 lors d'une vaste réorganisation de l'appareil gouvernemental. En 1983, on réorganisa encore pour corriger les lacunes de la réforme de l'année précédente (Nossal, 1989, p. 213-215). Selon Nossal (1989, p. 216), car après quinze ans de transformations administratives, le ministère des Affaires extérieures n'était pas plus efficace qu'au départ. Qui plus est, ses employés avaient l'impression d'avoir été mal utilisés et de n'avoir été qu'un outil servant la politique domestique.

Au cours des années 1960, quelques Canadiens français avaient fini par se rendre au sommet de la pyramide au ministère des Affaires extérieures et n'avaient pas du tout envie de se faire critiquer par la seule province francophone (Morin, 1987, p. 45-46). Ces Canadiens français avaient chèrement payé leur progression. De façon constante, on a pu observer chez les fonctionnaires du service extérieur que les francophones étaient plus nombreux que les anglophones à détenir deux diplômes universitaires ou plus. À tous les niveaux de la hiérarchie, les Canadiens français étaient plus instruits que les Canadiens anglais, et ces Canadiens français travaillaient en anglais (Farrell, 1969, p. 97-98). Dans un ministère où la connaissance de plusieurs langues constituait un atout, on ne demanda jamais aux Canadiens anglais de comprendre le français, ne fût-ce qu'un peu (Granatstein et Bothwell, 1990, p. 122). Selon Marcel Cadieux, qui devint sous-secrétaire d'État aux Affaires extérieures en 1964, « les allégations du Québec selon lesquelles il aurait une compétence propre en matière d'affaires internationales [étaient] odieuses, presque au point de constituer de la trahison » (Granatstein et Bothwell, 1990, p. 123 ; Morin, 1987). Pour d'autres comme pour lui, ce que le Québec était en train d'accomplir minait une position atteinte au prix d'efforts laborieux et douloureux en plus de lui enlever quelques fonctionnaires talentueux. Contrairement à ce que l'on entend souvent au sujet des fonctionnaires québécois, particulièrement ceux du MAI, seuls quelques-uns d'entre eux sont issus de la fonction publique fédérale[10]. Durant les années 1960, ces derniers se sont montrés très utiles, parce qu'ils étaient les seuls à avoir de l'expérience en relations internationales.

En 1967, Cadieux a nommé Allan Gotlieb (dont nous reparlerons au chapitre 5), afin qu'il nie et conteste la légitimité des empiétements provinciaux en matière de politique étrangère. Son mandat consistait à empêcher que des précédents ne soient créés et à développer un contre-argumentaire à l'encontre de la position échafaudée plus tôt par Gérin-Lajoie, lui-même un juriste réputé. Les années qui suivirent donnèrent lieu à une joute assez particulière. Quand le gouvernement fédéral fut mis au courant des initiatives entreprises par le Québec en sol français, il leur donna son aval, en vertu de l'entente parapluie de 1965 entre le Canada et la France, même si le Québec n'avait demandé la permission de personne. En somme, Ottawa autorisait Québec à agir *ex post facto*, de façon à entretenir l'illusion de son contrôle.

L'influence du ministère des Affaires extérieures a décliné au fil des ans depuis les années 1950 alors qu'il avait une excellente réputation autour du monde (Nossal, 1989, p. 208). Allan Gotlieb, qui ne fut jamais un intime de Trudeau, fut nommé sous-ministre des Affaires étrangères en 1977 (McCall et Clarkson, 1995, p. 191).

---

10. Selon une série d'entrevues réalisées au MAI en 1994. Information difficile à vérifier exhaustivement. Il y a Jean Chapdelaine, le second délégué à Paris, ou Carl Grenier et Claude Roquet, des sous-ministres adjoints, Jean Fournier, qui fut délégué du Québec à Londres, et Jean-Marc Blondeau qui fut délégué du Québec à Toronto et à Düsseldorf. Il y a surtout eu à Québec des gens qui venaient du domaine de l'éducation.

Il retrouva un ministère déprimé et désorganisé. De plus, les autres ministères jugeaient qu'il manquait d'expertise en commerce international. On lui a de plus enlevé certains dossiers d'aide extérieure au profit de l'Agence canadienne de développement international et du Centre de recherche pour le développement international. Gotlieb veut alors refaire du ministère un organisme central[11]. Il veut aussi sortir son ministère du multilatéralisme de l'après-guerre et privilégier une approche bilatérale (McCall et Clarkson, 1995, p. 191-192).

Ce qui importe ici, c'est que les relations internationales du Québec ont souffert des querelles Québec–Ottawa pour des raisons politiques mais aussi pour des raisons de politique bureaucratique. Le Québec développe ses relations internationales tandis que le ministère des Affaires extérieures est en déclin à Ottawa. Ce dernier juge alors que les gouvernements provinciaux ne manqueront pas de lui ravir encore un peu plus son pouvoir, lui qui en a déjà plein les bras avec les autres ministères. Le ministère des Affaires extérieures à Ottawa ne pouvait en effet prétendre être une agence centrale si les provinces pouvaient empiéter sur son domaine d'activité (Nossal, 1984). Ce n'est pas uniquement parce que les francophones étaient susceptibles mais aussi parce qu'il y avait beaucoup de tiraillements entre les ministères fédéraux que les démarches du Québec pour entretenir ses propres relations internationales suscitèrent autant d'hostilité outaouaise. Les querelles entre francophones à Ottawa, dont Marcel Cadieux, et ceux à Québec doivent être placées dans cette perspective plus large. Il ne faut pas uniquement voir cette rivalité fédéral–provincial mais aussi les querelles entre les différents ministères fédéraux. Comme à Québec, le ministère de l'Industrie et du Commerce ne veut guère partager la responsabilité du commerce extérieur (voir Sharp, 1994, p. 172).

Mazmanian et Sabatier considèrent qu'un des facteurs importants de réussite de la mise en œuvre d'une politique publique est l'habilité du cadre légal à la faciliter. Dans le cas de la politique internationale du Québec, cette facilitation ne peut se faire. Qui plus est, comme il en sera question au chapitre six, la responsabilité organisationnelle de la mise en œuvre n'est pas claire.

---

11. Voir sur ce sujet SHARP (1994, p. 171) qui est contre cette idée.

Conclusion

Dans ce chapitre nous avons démontré que pour comprendre la politique étrangère québécoise, on ne peut faire fi des relations fédérales-provinciales, qui dominent l'ordre du jour des discussions politiques depuis les années 1960. Paradoxalement, la volonté du gouvernement du Canada de faire du Québec une province comme les autres a pu susciter chez les autres provinces des demandes qu'elles n'auraient jamais formulées autrement. Par exemple, c'est Ottawa qui a amené le Nouveau-Brunswick à s'engager dans la Francophonie, alors qu'il n'y était pas particulièrement intéressé. Cinq provinces canadiennes ont des activités de politique étrangère qui dédoublent les activités du gouvernement fédéral, même si, selon ce dernier, la *Constitution* lui confère formellement le droit de légiférer dans ce domaine (Gouvernement du Canada, 1991, p. 44-47).

Les gouvernements qui se sont succédé à Ottawa depuis 1937 se sont gardés de demander à la Cour suprême d'éclaircir la question. Ce qui est intéressant dans la politique étrangère du Québec, c'est son absence de cadre juridique. Les précédents s'appuient sur le livre blanc de 1968 et sur l'entente Ottawa–Québec de 1971 concernant la participation du Québec à l'Agence de coopération culturelle et technique (Patry, 1983, p. 71-74). Ce lien – qu'a incarné Claude Morin – entre relations fédérales-provinciales et relations internationales constituait une arme à double tranchant. Selon plusieurs personnes que nous avons interviewées, sans ce lien étroit, le MAI n'aurait jamais eu le prestige ni l'importance qu'il a acquis au fil des ans. En revanche, des guerres fédérales-provinciales ont souvent entravé le développement des actions internationales du Québec.

L'ouverture de l'économie québécoise sur le monde se traduit par un pourcentage important du PIB. Comme ce dernier dépend des exportations, le Québec cherche à s'assurer un environnement commercial stable, mais se soucie aussi de protéger certains secteurs économiques dont l'agriculture, les textiles, le vêtement et les services (Gouvernement du Québec, 1990, p. 7). Lors des négociations commerciales multilatérales comme celles de l'Uruguay Round, c'est le gouvernement du Canada qui négocie en consultant les provinces, comme ce fut le cas pour l'ALENA. La nature plus économique des relations internationales a fait baisser la tension Québec–Ottawa sur le sujet.

Outre la nécessité de protéger la sécurité internationale, le dernier énoncé de politique du gouvernement du Canada (1995) traite, d'une part, de la promotion de la prospérité et de l'emploi et, d'autre part, de la protection des valeurs et de la culture canadiennes. Ces deux derniers objectifs sont certes louables, mais ce qui est intéressant, c'est qu'ils recoupent ce que le Québec fait. Surtout que désormais, la politique de l'ACDI doit être intégrée aux autres activités, dont la promotion des exportations. Contrairement à l'énoncé de politique de 1968, cette fois-ci, on n'a pas oublié de parler des États-Unis qui sont présentés dans le rapport du comité mixte comme étant un incontournable. Écrit après un processus consultatif où le Parlement (sénat et Communes confondus, qui représentent d'ailleurs le public visé par le document) fut mis à contribution, cet énoncé lie les politiques économiques internes et externes.

Québec et Ottawa n'ont néanmoins pas fini d'exporter leurs visions différentes aux quatre coins du monde. La tension origine de ce que le Québec demeure une province mais voudrait être un pays[12]. Ce ne sont pas les relations internationales qui sont l'enjeu mais la question constitutionnelle. Le tout continue dans un certain flou juridique qui entrave la bonne mise en œuvre de cette politique internationale. Comme nous en parlerons au chapitre six, les querelles entre Ottawa et Québec n'expliquent pas tous les déboires internationaux du Québec. Ce n'est pas Ottawa qui a nommé le comédien Émile Genest délégué à Los Angeles, pour prendre un exemple au hasard parmi des nominations politiques qui n'ont pas toujours été de bon aloi. Les récompenses aux amis du régime ont trop souvent discrédité les délégations.

---

12. Tiré d'une entrevue avec un cadre du MRI en mars 1996.

Les États-Unis : à la fois lointains et proches 5

Comme l'a souligné Ivo Duchacek (1986, p. 270), le Québec a deux relations privilégiées, l'une est composée des liens étroits de nature affective, culturelle et politique qu'il entretient avec la France, et l'autre, tacite, est celle qu'il a avec son seul voisin étranger, les États-Unis. Cette dernière est dépourvue d'affection, elle est d'abord pragmatique et commerciale. Qui plus est, les États-Unis n'intéressent guère les représentants du gouvernement du Québec où l'on trouve beaucoup plus facilement des francophiles (Louise Beaudoin citée par Lisée, 1990, p. 295 ; Bissonnette, 1981, p. 67 ; Hero et Balthazar, 1988, ch. 8). René Lévesque semblait plus intéressé par les États-Unis, ce qui ne l'a pas prémuni contre une catastrophe en 1977 (Clarkson, 1985, p. 302-303). Il faut aussi dire que le Québec n'intéresse guère les Américains non plus (Hero et Balthazar, 1988, p. 11). Seul un petit groupe de spécialistes américains s'intéresse au Québec[1]. Comme le résumait de façon très juste un fonctionnaire du gouvernement du Canada que nous avons interviewé aux États-Unis, ceux qui en ont besoin connaissent bien le Canada, qui autrement laisse les Américains indifférents. Le livre de Jean-François Lisée (1990) fait par ailleurs la preuve que le Québec est relativement bien connu et analysé par les responsables du gouvernement américain.

---

1. Sur l'intérêt du gouvernement américain pour le Canada, voir Joseph T. JOCKEL (1990). «Canada–U.S. Relations in the Bush Era», *Canadian-American Public Policy*, vol. 1 et VENNE (1992).

Et que les Américains n'ont pas spontanément de sympathie pour le projet de souveraineté québécois qui leur rappelle moins leur indépendance qu'un épisode plus récent et plus douloureux de leur histoire : la guerre civile. Il est aussi possible que la visibilité de la relation québécoise avec la France ne soit pas forcément bien vue à Washington. Alors qu'en France, la cause québécoise fut toujours soutenue politiquement, aux États-Unis, c'est dans les milieux universitaires, surtout ceux qu'il subventionne, que le Québec a ses appuis. Comme nous le verrons dans ce chapitre, ce n'est pas tant la formulation de la politique internationale du Québec envers les États-Unis qui pose problème, cette politique étant essentiellement commerciale, mais bien le fait que la capacité de la mettre en œuvre soit limitée, car le modèle de relations établi avec la France ne peut guère être transposé aux États-Unis et le Québec ne peut ouvrir de délégation à Washington. La politique envers les États-Unis est brouillonne par mimétisme avec le système politique américain comme elle est centralisée par mimétisme avec l'État français. Elle fut aussi longtemps improvisée (Bissonnette, 1981).

On peut expliquer le manque d'intérêt des Québécois par le fait que la pratique des relations Québec–États-Unis est faite de dossiers prosaïques[2]. Au cours des dernières années, les dossiers chauds furent le bois d'œuvre, le magnésium de Norsk Hydro, le porc vivant, le lait UHT à destination de Porto Rico, le commerce bilatéral des vins et spiritueux, la distribution de la bière, la construction d'une usine par Petresa pour produire de l'alkylbenzène linéaire (un élément entrant dans la fabrication des détergents et détersifs), certains produits d'acier et le sucre[3].

Les États-Unis sont pourtant la seule région de la politique étrangère canadienne (Gotlieb, 1991b, p. 8) et donc du Québec. Participer au Commonwealth ou à la Francophonie donne aux Canadiens l'impression ou l'illusion d'équilibrer l'attraction de notre voisin du Sud mais notre vulnérabilité demeure[4]. Bien que la domi-

---

2. Certains cadres du ministère seraient tentés d'expliquer aussi cette situation par le faible pourcentage des fonctionnaires québécois capables de parler l'anglais. Il n'existe pas d'étude sur ce sujet.
3. Cette liste est tirée des « Notes d'intervention en politique commerciale » du MAI de septembre 1993, volume 6, numéro 4. Ce document traite d'autres dossiers, comme la libéralisation du transport aérien et les fluctuations de la valeur du dollar canadien, sur lesquels le gouvernement québécois ne peut guère avoir d'impact.
4. L'économie québécoise est de mieux en mieux intégrée à l'économie nord-américaine selon les auteurs du numéro spécial « Quebec in the continental economy » de *Quebec Studies*, volume 16, 1993 et ceux dans LACHAPELLE (1995).

nation américaine sur l'économie mondiale se soit érodée depuis 1945, l'importance de cette économie pour le Québec augmente. Les économies québécoise et canadienne dépendent en réalité de plus en plus de l'économie américaine. Les États-Unis étaient et demeurent le premier marché pour les exportations québécoises et la principale source d'investissements étrangers sur le territoire du Québec. Le Canada y exporte plus du quart de tout ce qu'il produit, et les trois quarts de ces échanges se font avec les États-Unis. Le Québec exporte environ l'équivalent de 40 % de son PIB, et plus de 80 % de ce nombre s'en va sur le marché américain. L'importance du marché américain pour les exportations québécoises va en augmentant. Les exportations vers les États-Unis représentaient 58 % du total en 1970, 60 % en 1975 et 76 % en 1985. En 1993, les exportations du Québec ont connu une hausse de 19,8 %, atteignant ainsi 32,6 milliards de dollars, dont 79,4 % sont destinés aux États-Unis[5]. En 1995, les États-Unis demeuraient le principal client du Québec en achetant 81 % des exportations records de 48,2 milliards (une hausse de 17,7 % sur 1994). Fait à noter, la France est devenue le deuxième marché extérieur du Québec, devançant maintenant le Royaume-Uni, l'Allemagne et le Japon[6]. Le commerce extérieur du Québec est déficitaire avec la France alors qu'il est très rentable avec les États-Unis. Le Québec achète la moitié des produits français vendus au Canada[7]. Ces chiffres suggèrent également que sous des allures d'échanges culturels, les Français obtiennent au Québec un marché extérieur intéressant. À voir ces chiffres, on comprend que le Québec ait été d'accord pour conclure un accord de libre-échange avec le pays avec lequel ses échanges se soldent par un surplus important.

On comprend pourquoi le gouvernement québécois a démontré beaucoup d'intérêt pour le libre-échange d'abord avec les États-Unis (voir Gouvernement du Québec, 1987) et ensuite avec le Mexique. Comme lors des négociations de l'Uruguay Round, le Québec disait alors souhaiter « favoriser le développement d'une économie dynamique capable de s'adapter à son environnement mondial »

---

5. Chiffres du Bureau de la statistique du Québec, *Commerce international du Québec* et MCEDT, *Évolution du commerce extérieur du Québec*. Voir Maurice JANNARD (1994). « Exportations québécoises : premier surplus en 1993 », *La Presse*, 8 juin, p. D-1.
6. Lia LÉVESQUE (1996). « Record d'exportations pour le Québec : les livraisons à l'étranger ont crû en quantité, en valeur et en diversité », *Le Devoir*, 27 avril, page C-3.
7. Données tirées de GOUVERNEMENT DU QUÉBEC, BUREAU DE LA STATISTIQUE (1988). *Commerce international du Québec*, Édition 1988, Québec, Publications du Québec.

Tableau 5.1
Commerce extérieur (en millions de dollars)

Importations

	1981 $	1981 %	1984 $	1984 %	1987 $	1987 %	1992 $	1992 %	1993 $	1993 %	1994 $	1994 %	1995 $	1995 %
États-Unis	7 521	46,0	10 246	52,7	11 023	47,5	12 838	44,5	13,672	44,9	16 141	45,7	18 066	45,8
France	430	2,6	654	3,4	770	3,3	1 004	3,5	1 002	3,3	1 354	3,8	1 768	4,5
Tous les pays	16 302	100,0	19 428	100,0	23 196	100,0	28 730	100,0	30 446	100,0	35 351	100,0	39 482	100,0

Exportations

	1981 $	1981 %	1984 $	1984 %	1987 $	1987 %	1992 $	1992 %	1993 $	1993 %	1994 $	1994 %	1995 $	1995 %
États-Unis	10 355	65,0	13 036	75,1	15 633	77,3	20 780	100,0	26 990	79,6	33 720	82,4	39 108	81,2
France	267	1,7	249	1,4	334	1,6	540	2,0	583	1,7	581	1,4	993	1,9
Tous les pays	15 939	100,0	17 356	100,0	20 214	100,0	27 353	100,0	33 893	100,0	40 927	100,0	48 172	100,0

Sources : Gouvernement du Québec, Bureau de la statistique (1989). Le Québec en chiffres, 59e édition, Québec, Publications du Québec ; Gouvernement du Québec, Bureau de la statistique (1993). Commerce international du Québec, Québec, Publications du Québec.

(Gouvernement du Québec, 1992, p. 10). Le gouvernement du Québec énumérait cependant les conditions de son appui à un tel accord et se réservait le droit d'approuver ou non l'entente. Il désirait le respect du partage actuel des compétences législatives entre les ordres de gouvernement, le respect des lois, programmes et politiques qui contribuent à la spécificité de la société québécoise, le maintien de la marge de manœuvre nécessaire au gouvernement pour atteindre ses objectifs de modernisation et de développement de l'économie du Québec, l'obtention de périodes de transition, la mise en place d'un mécanisme de règlement des différends et le maintien d'un statut spécial pour l'agriculture et les pêcheries (Gouvernement du Québec, 1992, p. 16-20)[8]. Un an plus tard, le gouvernement devait faire une analyse de contenu de l'ALENA et porter un jugement favorable sur l'accord (Gouvernement du Québec, 1993A, p. iii). Le Québec, comme l'ensemble du Canada, devait se prémunir contre le protectionnisme américain puis éviter que le Mexique et les États-Unis ne signent un traité de libre-échange sans le Canada[9]. Il fallait éviter que le marché américain ne se ferme aux produits et services québécois. Le gouvernement québécois estimait alors que 285 000 emplois directs et indirects dépendent des exportations de marchandises[10]. Cette question de l'accès au marché américain s'inscrit dans l'histoire canadienne depuis le XIXe siècle. Le Mexique constitue un marché potentiel intéressant, comme pourraient d'ailleurs le devenir le Chili et d'autres pays si l'accord est élargi dans les années à venir.

Dans une perspective commerciale, la relation Québec–France (1,9 % des exportations en 1995) n'a eu historiquement qu'un poids négligeable. Le commerce avec les autres pays d'Europe (le Royaume-Uni, l'Allemagne, l'Italie, les Pays-Bas et la Belgique) compte pour 6,5 % des exportations québécoises, soit plus que le

---

8. Le document de 1992 est essentiellement une nouvelle version de celui de 1987.
9. Pour une analyse de la place du Québec dans l'économie nord-américaine, voir LACHAPELLE (1995). Pour une perspective historique, voir HERO et BALTHAZAR (1988).
10. Tiré du discours d'ouverture de la Commission parlementaire sur l'*Accord de libre-échange nord-américain* prononcé par John Ciaccia, ministre des Affaires internationales du Québec, le 9 mars 1993, page 5. Reed Scowen, alors délégué général du Québec à New York, avait célébré cet accord en prononçant à Montréal un discours au Cercle canadien de Montréal le 8 février 1993 intitulé « Citoyens souverains de l'Amérique: l'économie du Québec et l'administration Clinton ». Dans ce discours qui avait provoqué certains remous, il développait la thèse que tous ceux qui vivent sur ce continent sont tous américains.

Japon (1,3 %). Les importations québécoises sont de provenance plus diversifiée : États-Unis (45,8 %), France (4,5 %), Europe (13,1 %) et Japon (4,6 %). La participation à l'Union européenne de la France limite l'autonomie de cette dernière dans le domaine. Le Québec a accru la valeur de ses exportations vers les États-Unis au cours de cette même décennie. La balance commerciale du Québec est positive et l'on observe que cette tendance va en s'amplifiant. En revanche, la balance commerciale du Québec avec la France est négative.

La diversité des échanges entre le Québec et les États, les sociétés et les groupes américains est effarante. Il est d'autant plus surprenant que les ressources consacrées à ces relations transfrontalières soient si limitées. Il est peut-être encore plus étonnant de constater que ce n'est qu'après vingt ans de politique étrangère québécoise que l'on s'est aperçu que les relations avec les États-Unis devaient constituer une priorité (Bonin, 1982b, p. 15). En 1976, le Parti québécois a été aussi étonné de remporter la victoire aux élections que ses adversaires de perdre. Le PQ n'avait aucune idée préconçue des relations qu'il devrait entretenir avec les États-Unis, alors il improvisa, comme ses prédécesseurs (Bissonnette, 1981, p. 65). C'est après l'élection du Parti québécois en 1976 que fut créée une Direction États-Unis, que le bureau de tourisme fut créé à Washington et que les mandats des délégations furent élargis. C'est aussi à cette époque que le MAIG entreprit ce qui devait s'appeler l'Opération Amérique qui voulait rectifier l'image du Québec que le Canada anglais et le gouvernement fédéral offraient et faire que les États-Unis ne s'opposent pas au projet de souveraineté dans les dix-huit mois avant le référendum de 1980 (Bonin, 1982b, p. 15 ; Mace et Gosselin, 1992, p. 221-223). Selon Hero et Balthazar (1988, p. 16-24), beaucoup de travail reste à faire.

Malgré des déclarations répétées du gouvernement selon lesquelles les États-Unis se trouveraient au haut de la liste de ses priorités internationales, on retrouvait toutefois à peu près le même nombre d'employés dans les cinq délégations du Québec aux États-Unis qu'à la délégation de Paris (voir tableau 5.2).

Il est amusant de constater que les années d'élection où les gouvernements changent (1970, 1976, 1985), le nombre d'employés à l'étranger augmente subitement. La lecture du tableau 5.2 indique également que malgré la visibilité des relations avec la Francophonie, le Québec n'a guère consacré de personnel à l'Afrique où la politique internationale a connu de nombreux rebondissements. Il faut aussi noter que la fermeture des délégations annoncée en 1996

Tableau 5.2
Répartition des employés dans les délégations du Québec par région (1959-1995)

	59-60	60-61	61-62	62-63	63-64	64-65	65-66	66-67	67-68	68-69	69-70	70-71	71-72	72-73	73-74	74-75	75-76	76-77
États-Unis	6	6	6	6	10	8	8	15	20	24	26	39	36	36	40	35	47	57
France			5	10	11	12	17	19	34	53	54	77	62	61	64	61	63	66
Europe (autres pays)			3	10	10	11	15	18	18	17	17	21	27	35	35	31	62	64
Asie													1	1	1	2	5	6
Amérique latine																	2	7
Moyen-Orient													1	1	2	2	1	3
Afrique													1	1	1	1	1	1
Autres										9	3	11						
Total	6	6	14	26	31	31	40	52	72	103	100	148	128	135	143	132	181	204

	77-78	78-79	79-80	80-81	81-82	82-83	83-84	84-85	85-86	86-87	87-88	88-89	89-90	90-91	91-92	92-93	93-94	94-95
États-Unis	64	81	89	84,5	76,5	83	92	89	99,5	84,5	85	85	95	99	100	96	96	84
France	73	76	81	72	73	74,5	85	89	84	75	74	74	78,5	88	94	92	88	82
Europe (autres pays)	72	82	78	77	74	76	82	82	92	74	70	84	93,5	109,5	102,5	100,5	93	84
Asie	8	9	14	14	14	16	18	20	35	37	38	50	55	66,5	61,5	60,5	54	41
Amérique latine	7	5	15	29	30	30	32	32	38	31	32	34	43	42	36	39	36	31
Moyen-Orient	3	3	3								3	6	4	4	7	12	12	10
Afrique	1		1	1	1	1	1	1	1	1	1	1	2	2	5	5	1	—
Autres														2	5			
Total	228	256	281	277,5	268,5	280,5	310	313	349,5	302,5	303	334	371	414	406	405	380	333

Données excluant les postes vacants, la réserve d'occasionnels, les postes transitoires et le personnel d'immigration à Montréal
Calcul d'équivalents à temps complet (ETC)
Sources : BALTHAZAR *et al.* (1993) ; Rapports annuels 1989-1995.

suit une réduction de personnel à l'étranger amorcée dès 1993. Par suite des coupures annoncées, l'effectif aux États-Unis tombe à un total de 36 personnes, en Europe, il en reste 46, à Paris 72, en Asie 18 et en Afrique 6 et au Moyen-Orient 6. L'écart se creuse entre le personnel lié à Paris et le reste du réseau.

La difficulté des relations Québec–États-Unis réside moins dans la formulation de ce qui devrait être fait que dans la mise en œuvre et les ressources. Les questions à traiter, tout comme les cibles, sont plus nombreuses. Le modèle réactif initial, dérivé du développement d'une politique étrangère en fonction de la France, ne peut être reproduit dans le cas des États-Unis. Les systèmes politique et économique américains sont aussi perméables et décentralisés que l'État français est centralisé et unifié. Le partage des pouvoirs fait en sorte que le Québec a beaucoup de difficulté à déterminer où il devrait engager ses ressources très limitées à Washington et ailleurs. Aux États-Unis, le Québec doit consolider sa relation « dépourvue d'affection, pragmatique et commerciale » dans les milieux économiques et politiques. Un cadre du ministère disait récemment que bien que ce soit le seul pays où il a plusieurs délégations, le Québec n'a toujours pas pris les États-Unis assez au sérieux et que sa stratégie à leur endroit demeure déficiente. Plusieurs éléments de la relation Québec–États-Unis, contrairement à la relation franco-québécoise, ne concernent pas l'État. Les liens d'affaires, les échanges transfrontaliers et les relations universitaires entre le Québec et les États-Unis existent sans l'intervention de l'État. C'est cette dynamique particulière que nous traiterons dans le présent chapitre.

Compte tenu de l'interdépendance économique du Québec et des États-Unis, nous nous intéresserons d'abord à l'image du Québec aux États-Unis. Nous verrons ensuite que le Québec devrait consacrer davantage de ressources aux États-Unis et ouvrir une délégation à Washington, compte tenu des difficultés qu'il a toujours eues à expliquer son caractère distinct en Amérique du Nord.

5.1. ALÉNA, interdépendance et politique économique

L'un des rôles de « relations publiques » que doivent jouer les délégations du Québec aux États-Unis est de « rassurer » les compagnies américaines qui investissent au Québec. Des risques d'instabilité politique peuvent faire en sorte qu'il sera plus difficile d'attirer de nouveaux investissements, mais il faut protéger ceux qui ont déjà été engagés. Ainsi, IBM, General Electric et General Motors, entre autres, pourraient revoir leurs investissements à la lumière de l'ALÉNA[11]. Bien des pages ont été écrites sur la compétitivité de l'économie canadienne et, partant, de l'économie québécoise, mais, bien que le Québec ait appuyé vigoureusement l'idée de libre-échange, peu d'entrepreneurs semblent prêts à faire entrer le Québec dans l'économie mondiale[12]. Même si le Québec a tenté de diversifier sa présence sur les marchés internationaux, il n'en est pas moins devenu au fil des années plus dépendant à l'endroit des États-Unis. L'économie québécoise, comme l'économie américaine d'ailleurs, est aux prises avec un secteur manufacturier vieillissant, en déclin et négligé par les gouvernements. Cette dépendance de l'économie québécoise peut expliquer pourquoi l'accord de libre-échange a reçu plus d'appuis au Québec que partout ailleurs au Canada[13].

Le MAI et ses représentants aux États-Unis doivent expliquer aux Américains que ce qu'ils prennent pour une économie corporatiste à l'européenne pourrait difficilement fonctionner autrement (Hicks, 1988; Gourevitch, 1986). Les petits pays industrialisés d'Europe se sont développés avec succès en suivant un modèle similaire. Dans un monde où la périphéralisation demeure la réaction normale devant les différences de compétence au niveau international, leur développement autonome est l'exception plutôt que la règle. La différence réside dans le fait que ces pays se sont livrés à un « démaillage sélectif », préalable essentiel à leur développement (Senghaas, 1984). Aucun État non national ne peut ériger de barrières protectionnistes dans le monde d'aujourd'hui, où l'interdépendance est la règle. Pour assurer sa réussite, il faut avoir recours à d'autres genres de moyens politiques. Les gouvernements doivent trouver des moyens de protéger les entreprises des forces du marché, de leur permettre de faire leur propre recherche-développement, d'entrer sur des marchés et de former leur personnel. Au Québec,

---

11. L'information est disponible sur la perception du Québec à l'étranger. En 1988 par exemple le ministre du Commerce extérieur avait commandé une étude à Berger and associates intitulée *Study of the Perception of Quebec outside Quebec*.
12. Voir BERNIER, LAPOINTE et TESSIER (1991). Voir aussi Michael E. PORTER (1991). *Canada at the Crossroads: The Reality of a New Competitive Environment*, Business Council on National Issues et Approvisionnements et Services Canada.
13. L'appui était particulièrement faible en Ontario dont l'économie est la plus intégrée. Cela peut s'expliquer parce que les Ontariens avaient peur que les compagnies américaines ne ferment leurs filiales canadiennes, ouvertes à l'origine en raison de barrières commerciales. Plusieurs rationalisations et pertes d'emploi ont donné raison aux Ontariens.

les sociétés d'État étaient censées tenir ce rôle. Mais ces sociétés, telles qu'Hydro-Québec et la Caisse de dépôt, peuvent également être perçues comme des instruments politiques contrevenant aux principes contenus dans l'ALÉNA (Bernier, 1988).

Un dossier ressort particulièrement dans ce mélange d'économie et de relations publiques. Le gouvernement du Québec a utilisé le bas prix de l'énergie hydro-électrique pour attirer des investisseurs étrangers. Ainsi, on a construit au Québec des alumineries et des raffineries de magnésium dépendant fortement de cette énergie peu coûteuse. Vers 1982, Hydro-Québec avait d'importants surplus d'électricité à vendre et a consenti à les solder à des prix apparemment ridicules en vertu de systèmes de partage des coûts et des risques. Treize compagnies œuvrant dans des secteurs exigeant beaucoup d'énergie ont conclu des ententes avec Hydro-Québec qui leur a consenti des réductions de tarifs substantielles pour plusieurs années. Ces contrats sont demeurés secrets jusqu'en 1991. Les autorités américaines ont plaidé que l'un de ces contrats devenu public, intervenu avec la compagnie Norsk Hydro, violait l'*Accord de libre-échange canado-américain.*

Ces surplus d'énergie hydro-électrique ont aussi permis au gouvernement du Québec de vendre de l'électricité aux États américains du Nord-Est. Selon certains scénarios, en revanche, il n'est pas certain que ces exportations soient rentables pour la société d'État. Certains de ces contrats s'étendent jusque dans le prochain siècle et il est difficile d'en prévoir les retombées. Ainsi, l'un des contrats conclus avec le Maine se termine en 2019. Il est fort possible qu'Hydro-Québec doive se retirer pour un certain temps du marché américain et attendre que la demande augmente. Les clients américains qui décident actuellement de ne pas acheter d'électricité au Québec permettent peut-être à Hydro-Québec de se soustraire à des ententes peu avantageuses. La logique à long terme de la production hydro-électrique convient peu au marché américain actuel où les compétiteurs peuvent produire dans des petites centrales thermiques qui prennent peu de temps à installer (Averyt, 1993).

L'électricité n'est d'ailleurs qu'au huitième ou au neuvième rang sur la liste des exportations québécoises, juste après les vêtements pour dames. L'électricité ne représente que 200 ou 250 millions de dollars sur plus de 20 milliards de dollars d'exportations annuelles du Québec. Cette question s'est cependant révélée beaucoup plus complexe que ce à quoi l'on s'attendait. Ni Hydro-Québec ni le gouvernement ne s'attendaient à être confrontés à une opposition aussi féroce. Des écologistes et certains autochtones ont travaillé d'arrache-pied pour bloquer le projet Grande-Baleine, lequel avait pour objectif – jusqu'au 18 novembre 1994, date à laquelle il fut interrompu – d'accroître le nombre des installations de production hydro-électrique. Les opposants au projet ont soulevé un certain nombre de questions qui ont forcé les acheteurs de l'État de New York et de la Nouvelle-Angleterre à retarder leur décision ou à annuler leur commande. On s'interrogeait notamment sur la pollution dans les bassins des barrages et l'impact qu'auraient ces installations sur la vie des autochtones de la région. Les compagnies d'électricité américaines ont pu, par suite de cette opposition, renégocier certains contrats et obtenir un meilleur prix d'Hydro-Québec sur un marché énergétique déprimé. Le gouvernement fédéral voulait aussi conserver la possibilité d'accorder des permis d'exportation d'électricité en vertu des critères de l'Office national de l'énergie.

Dans cette guerre de relations publiques, Hydro-Québec fut souvent perdante. Elle perdit sur le front des symboles : dans la guerre médiatique, ses avocats cravatés ne faisaient pas le poids contre les Cris qui, dans leurs vestes traditionnelles, faisaient du canot sur l'Hudson derrière le bâtiment de l'ONU, sans compter les pressions du Sierra Club et de l'Audubon Society. Elle perdit aussi parce que les Cris avaient eu recours à des firmes de relations publiques aussi efficaces que la sienne pour préparer leur campagne en sol américain[14].

Après moults rebondissements, l'État de New York annonçait en 1992 l'annulation du contrat de 17 milliards de dollars signé en 1989. C'est alors qu'Hydro-Québec annonça la réouverture de son bureau de New York et la nomination d'un des négociateurs, Jacques Guévremont, comme représentant. Pour redorer son image, Hydro ouvrit également, en 1991, un bureau à Bruxelles. Puis, l'État du Massachusetts étudia la possibilité de réagir contre le projet de la baie James en retirant les sommes que les régimes de retraite de ses employés avaient investies dans les obligations d'Hydro-Québec, idée qui tenta aussi le New Hampshire. Cela ne provenait pas uniquement du souci des États-Unis pour les questions environnementales, mais également de la présence de puissants compétiteurs dont Hydro-Ontario qui avait aussi des surplus à écouler.

---

14. Catherine LECONTE (1991). « Les Cris virent leur firme de relations publiques », *Le Devoir*, 11 novembre, page A-2. André NOËL (1993). « Hydro a dépensé 2,2 millions aux É.U. pour redorer son blason », *La Presse*, 7 avril, page A-1.

Si Hydro-Québec a défrayé la manchette aux États-Unis à cause de ses difficultés à la baie James, cette société d'État n'en représente pas moins à plus long terme un atout non négligeable pour le Québec. Son potentiel de développement est intéressant pour les Américains qui ont renoncé à construire de nouvelles centrales nucléaires et qui produisent leur électricité à partir du charbon et du pétrole épuisables et polluants. Elle témoigne en outre de la capacité technique du Québec moderne (Lisée, 1990, p. 330).

La récession a fait en sorte que les compagnies d'électricité des États du Nord-Est n'auront plus autant besoin d'acheter leur électricité à Hydro-Québec au cours des prochaines années. Quand la consommation recommencera à augmenter, les problèmes de pollution aux États-Unis se feront à nouveau plus criants que les risques de contamination au mercure dans la baie James. En tenant compte des coûts environnementaux liés à la production locale d'électricité, l'État de New York a fait le mauvais choix en annulant ses achats d'électricité québécoise (Menz, 1994). Il se peut aussi que l'opposition actuelle des autochtones à la phase 2 du développement de la baie James ne soit qu'une stratégie de négociation visant à obtenir du gouvernement une meilleure offre d'indemnisation, sur le modèle de la *Convention de la Baie James et du Nord du Québec* conclue en 1975, ou une renégociation de celle-ci[15].

Les exportations d'électricité ont radicalement transformé l'image du Québec aux États-Unis. Hydro-Québec et le gouvernement n'étaient pas prêts à être accablés à ce point dans les médias en matière environnementale et autochtone. Ils ont réagi et répliqué lentement. En revanche, les exportations d'électricité ont permis au Québec et aux gouverneurs des États de la Nouvelle-Angleterre de développer leur rôle respectif sur le plan international (Colgan, 1991). Durant les conférences annuelles des gouverneurs de la

---

15. La Convention de 1975 sur la baie James et le Nord du Québec est le premier, et toujours le seul, accord sur les revendications territoriales conclu au Canada. C'est un document extrêmement complexe qui expose en détail un plan de gestion et de développement de la baie James et du Nord du Québec sur les plans social, culturel, économique et environnemental. Une indemnisation en argent d'environ 232,5 millions de dollars est versée sur vingt et un ans (au plus) aux 6650 Cris et aux 4400 Inuit en vertu de cette convention. En contrepartie des droits conférés dans la Convention, les parties autochtones consentent à «insérer la disposition originale en français» à un territoire de 400 000 milles carrés (article 2.1). Voir GOUVERNEMENT DU CANADA, AFFAIRES INDIENNES ET DU NORD (1982). *James Bay and Northern Québec Agreement Implementation Review*, février.

Nouvelle-Angleterre et des premiers ministres de l'Est du Canada, où se rencontrent les gouverneurs du Maine, du New Hampshire, du Vermont, du Massachusetts, du Connecticut et du Rhode Island et les premiers ministres du Québec, du Nouveau-Brunswick, de la Nouvelle-Écosse, de Terre-Neuve et de l'Île-du-Prince-Édouard, l'énergie est à peu près la seule question d'importance que l'on discute (Colgan, 1991). L'environnement sera ajouté par la suite (Mace et Gosselin, 1992, p. 223). Ce forum eut ses hauts et ses bas, mais demeure un des rares liens politiques entre le Québec et les États-Unis à échapper à la supervision du fédéral (Bonin, 1982b, p. 17). Symboliquement, il représente la formalisation des relations du Québec avec les États-Unis (Duchacek, 1986, p. 270). C'est la délégation de Boston qui assurait une partie importante des relations avec les États du Nord-Est américain. On peut s'étonner de sa fermeture annoncée en 1996 quand on sait que, selon des données déjà anciennes il est vrai, en 1986-1987, 620 entreprises du Québec et 500 de la Nouvelle-Angleterre ont fait appel à ses services[16].

5.2. Être ou ne pas être... à Washington

La question de l'hydro-électricité fut difficile pour le Québec aux États-Unis. Ce n'est pourtant pas la dimension transfrontalière qui pose problème pour le Québec mais la capacité d'avoir un impact aussi modeste soit-il sur les décisions qui concernent l'ensemble des États-Unis. Ces décisions se prennent à Washington autant qu'à New York. Ce qui frappe dans l'étude des relations du Québec avec les États-Unis, c'est le manque de volonté de plonger dans le système politique américain (Lisée, 1990, p. 301-302). Alors que, de toute évidence, le gouvernement du Québec sait comment opérer sur les marchés financiers, les interventions politiques ont été assez timorées ou maladroites.

Le gouvernement français offrait au Québec la possibilité d'ouvrir une délégation générale qui aurait, en pratique, les privilèges diplomatiques d'une ambassade. Le gouvernement québécois espérait que ce précédent serait suivi par divers pays de la Francophonie. Que ce soit en réponse aux pressions exercées par Ottawa en Afrique francophone pour qu'il n'y ait pas de suite ou pour toute autre raison, le Québec ne s'est pas fait conférer le même statut

---

16. Tiré d'un document interne du 10 mars 1988 intitulé *La rentabilité du réseau des délégations du Québec à l'étranger*, page 3.

ailleurs. Le Québec a également des privilèges diplomatiques à Londres parce que c'est la pratique dans le Commonwealth britannique. Aux États-Unis par contre, il y a peu à attendre du gouvernement américain sur le plan diplomatique. Pour des raisons historiques et pour maintenir de bonnes relations avec le gouvernement canadien, le gouvernement américain n'a jamais autorisé aucune province canadienne à installer une délégation à Washington. Lors de la campagne référendaire de 1995, le président américain annonça qu'il était favorable à un Canada uni. On ne peut guère attendre autre chose du pays de la guerre de Sécession. Il s'agit moins d'un jugement sur la politique canadienne que d'un discours rassurant pour les électeurs américains. Cette attitude contrastait toutefois avec le silence observé en 1980.

La pire catastrophe de l'histoire diplomatique québécoise ne s'est pas produite sur le terrain politique à Washington, mais plutôt à New York. Le 25 janvier 1977, le premier ministre du Québec René Lévesque a prononcé une allocution à l'Economic Club, à New York. Il s'agissait de son premier grand discours à l'extérieur du Québec en tant que premier ministre. Plusieurs conseillers ont travaillé sur ce discours, l'un des rares que Lévesque n'ait pas écrits lui-même. Claude Morin, Louis Bernard et Jacques Parizeau y travaillèrent et Lévesque se plia à un texte mal adapté (Fraser, 1984, p. 88). Cette allocution traçait un survol de l'histoire du Québec depuis la Conquête britannique de 1760. Lévesque a dit à New York ce qu'il disait au Québec, à savoir que le Québec deviendrait indépendant et que le secteur de l'amiante serait nationalisé. Les journalistes francophones qui couvraient l'événement et les Québécois qui l'ont vu à la télévision ont pu être touchés par ce discours, mais les gens d'affaires new-yorkais lui réservèrent un accueil glacial. La comparaison avec la Révolution américaine se révéla un désastre et personne ne crut Lévesque quand il se présenta comme un pragmatique. Le discours de New York, sinon improvisé du moins mal préparé, fut un échec monumental malgré les rationalisations a posteriori qu'on peut en faire (voir Morin, 1991, p. 519-522 et Lisée, 1990) surtout depuis la mort de Lévesque. À noter que les discours de Jacques Parizeau à l'Americas Society en décembre 1994 et de Lucien Bouchard début juin 1996 devant la Foreign Policy Association sur le même thème ne firent pas de vague, ce qui fut considéré comme un succès et un signe de l'évolution du dossier[17].

---

17. Gilles NORMAND (1994). « Parizeau se fait rassurant à New York : il invite les Américains à rester à l'écart du débat sur l'avenir du Québec », *La Presse*, 13 décembre, page A-1.

Le ratage de 1977 incita le Québec à tenter d'améliorer sa compréhension des objectifs poursuivis par les États-Unis. Les délégations du Québec cessèrent de ne se consacrer qu'aux affaires commerciales et diversifièrent leurs activités. À la fin des années 1970, le gouvernement du Québec mit sur pied l'«Opération Amérique», un petit projet de relations publiques composé de bourses de recherche et de programmes d'étude, ciblé sur les groupes de politique étrangère, les universitaires américains s'intéressant aux études canadiennes et les journalistes. Cette opération visait essentiellement des intellectuels, qui se trouvaient malheureusement un peu trop loin des centres de décision. Les Américains sont demeurés sceptiques vis-à-vis de l'intérêt que manifestait le Québec à l'endroit de leur pays. Il y avait à leur avis une contradiction entre les priorités annoncées et l'échéancier réel : retards dans la nomination de délégués, dans les budgets, dans les visites de ministres, etc. (Hero et Daneau, 1984, p. 286).

L'une des tâches importantes du MAI aux États-Unis consiste à expliquer que « le Québec reste différent[18] ». Les activités du Québec aux États-Unis visent toujours fortement à faire en sorte que les Américains comprennent mieux le Québec. Le gouvernement voulait éviter que la seule image du Québec à être transmise aux Américains ne provienne de sources canadiennes-anglaises, qui lui semblaient partisanes et projetaient à son avis une image distordue du Québec[19]. La tâche n'est pas négligeable tel est « l'analphabétisme de la presse américaine envers la réalité du Québec » (Lisée, 1990, p. 280). Le gouvernement du Québec doit s'assurer que ses obligations se vendront sur les marchés américains et que ses hésitations constitutionnelles n'auront pas trop d'effet sur les taux d'intérêt auxquels lui-même ou Hydro-Québec seront soumis. Ce financement dépend de l'image du Québec (Lisée, 1990, p. 233-255).

De bonnes relations publiques et un suivi constant demeurent nécessaires. La politique linguistique québécoise, bien qu'assouplie au fil des ans, a été la cible de critiques. Un rapport annuel récent sur les droits de la personne dans 193 pays, produit par le State Department de Washington, contenait 19 lignes sur les droits linguistiques au Québec. Le ministre québécois des Affaires internationales de l'époque, John Ciaccia, estimait que ce rapport était

---

18. Discours de John Ciaccia devant l'Association of Canadian Studies in the United States, Boston, 22 novembre 1991.
19. Voir NODA (1989, p. 325-334) et *Note de synthèse sur l'Opération Amérique*, MAI, 8 mai 1979.

inexact[20]. Encore une fois, le gouvernement du Québec réagissait. Le MAI dut expliquer le fond de cette politique, sa raison d'être, les moyens pris pour la mettre en œuvre et les motifs qui faisaient en sorte que les Québécois la jugeaient essentielle.

Dans le système politique et médiatique américain, une portion importante du jeu des relations publiques se joue à Washington où le Québec n'a qu'un fonctionnaire qui voyage depuis New York. D'après les fonctionnaires interviewés, le Québec peut travailler dans le cadre actuel sans qu'il soit nécessaire d'ouvrir un bureau à Washington, dans la mesure où quelqu'un peut faire la navette entre New York et la capitale américaine. La navette pourrait aussi se faire de Montréal toutes les semaines pour de brèves périodes, comme le gouvernement ontarien avait choisi de le faire à partir de Toronto pendant les négociations sur le libre-échange. Cette méthode présente l'avantage de contourner l'opposition du gouvernement canadien. Les fonctionnaires québécois soulignent également ce qu'il en coûte d'être à temps plein à Washington. Ils considèrent néanmoins qu'un tel bureau constituerait un atout qui s'ajouterait aux autres façons d'être présent à Washington, comme être représenté par Hydro-Québec ou par des lobbyistes comme Elliott Feldman congédié par John Ciaccia puis repris[21]. Les gouvernements provinciaux font également appel aux services de lobbyistes, d'avocats et de firmes de relations publiques. En janvier 1995, le ministre Landry annonçait que le gouvernement avait engagé trois firmes de lobbyistes à Washington. Dans son annonce, il expliquait que ces firmes étaient en partie engagées parce que l'ambassadeur Chrétien posait problème[22]. Sur les enjeux cruciaux, même quand Ottawa veut tout contrôler, les provinces investissent toujours les ressources nécessaires pour se faire entendre à Washington. Ce qui manque toujours aux provinces, c'est la possibilité de se créer des réseaux. À la lumière du développement de la politique étrangère du Québec, le

---

20. Voir Marie TISON (1994). « Au Québec, les minorités "connaissent des difficultés", s'inquiète Washington », *Le Devoir*, 3 février, p. A-2 et Normand DELISLE (1994). « Ciaccia dénonce un rapport de Washington », *La Presse*, 5 février, p. A-17.
21. Voir Gilles NORMAND (1994). « Le limogeage de l'avocat Feldman par Ciaccia demeure toujours obscur », *La Presse*, 25 juin, page E-1 et « Négociations de libre-échange : Feldman contre-attaque », dans *Le Devoir*, 25 juin, page A-8.
22. M. Landry disait alors que cette approche avait l'avantage de ne pas déclencher une guerre inutile avec le fédéral et des frais si l'on considère le coût des délégations. Tiré de la chronique des relations extérieures du Québec, *Études internationales*, volume 26, page 399, juin 1995. Voir aussi Michel VENNE (1995). « Québec embauche des lobbyistes pour expliquer la souveraineté aux Américains », *Le Devoir*, 23 mars, pages A-1 et A-8.

fait d'avoir une délégation dans la capitale américaine constituerait une étape majeure qui rapprocherait le Québec de la sphère d'influence des États-Unis. Bien que les questions régionales intéressant le Québec puissent être traitées dans le Maine ou le Vermont, on ne peut négliger les associations, groupes et médias qui sont sur place à Washington. La plupart des différends entre le Canada et les États-Unis naissent de conflits de politiques – fédérales, provinciales ou étatiques – des deux côtés de la frontière. Ces conflits se répercutent dans les médias, l'opinion publique et les groupes de pression concentrés à Washington. Le réseau international du Québec ne sera pas complet tant qu'il n'y aura pas de délégation québécoise à Washington.

Vers 1979, le gouvernement a étudié la possibilité d'ouvrir un bureau à Washington, mais n'en a jamais fait la demande expresse au gouvernement américain. Le Québec a préféré s'informer au consul général en poste à Québec de la possibilité d'envoyer une personne faire du lobbying à Washington. Cette initiative a été mal planifiée, mal gérée et a conséquemment échoué (Bissonnette, 1981, p. 67-68 ; Lisée, 1990, p. 308-309). Le Québec ne s'est lancé que dans une opération touristique et n'a pas fait de nouvelle tentative. Ainsi le Québec n'a-t-il pas profité, pendant les années Reagan, du fait que l'administration républicaine était en mauvais termes avec le gouvernement Trudeau (Lisée, 1990, chapitre 17).

À Washington, il ne peut y avoir de contact officiel entre des représentants du Secrétariat d'État et des représentants des provinces sans que quelqu'un de l'ambassade du Canada soit présent. Mais personne ne peut empêcher des rencontres privées ailleurs qu'à Foggy Bottom, comme au Capitole, si quelqu'un est désireux de rencontrer ces représentants des provinces. Ces représentants peuvent prendre l'avion de Montréal ou travailler pour une firme de relations publiques ou un bureau d'avocats situé à Washington. Il est impensable que le gouvernement du Canada lève l'interdit pour que le gouvernement québécois, surtout péquiste, soit représenté à Washington[23]. On n'a qu'à penser aux réactions qui entourèrent le voyage de Lucien Bouchard dans la capitale américaine lorsqu'il était le chef de la loyale Opposition de Sa Majesté à Ottawa en mars 1994.

Pourtant, si l'on considère les différents enjeux à Washington, il serait douteux que qui que ce soit d'autre, même l'ambassade

---

23. Un contrôle simple est l'émission ou le refus de visas de travail. Ces visas sont accordés facilement pour les autres villes américaines où les provinces ont des bureaux mais pas pour Washington.

canadienne – pourtant physiquement si bien située –, puisse traiter des questions québécoises en priorité. Les efforts consentis par les provinces à Washington complètent le travail accompli ailleurs aux États-Unis. Le seul fait de trouver les personnes responsables des initiatives qui concernent le Québec est un travail ardu qui requerrait la présence d'une équipe à temps plein à Washington. Les récentes négociations de l'ALÉNA démontrent de nouveau la nécessité de considérer toutes les parties en cause.

Les fonctionnaires québécois ne sont pas les seuls à penser que le Québec devrait être plus représenté à Washington. Selon Lisée (1990, p. 303) : « En fait, Washington attend les Québécois. Washington s'attend à ce que les Québécois arrivent. C'est presque un test de volonté, de compétence. » L'ancien ambassadeur du Canada à Washington dit presque la même chose après ses années à Ottawa durant les années 1980 (Gotlieb, 1991, p. 9). « Ni la proximité physique ni la familiarité culturelle ne confèrent aux Canadiens une connaissance particulière ou privilégiée de leurs voisins les plus proches. » Habitués à un système politique dérivé de la tradition parlementaire britannique, les Canadiens sont toujours étonnés, par exemple, de voir échouer un traité novateur qui mettrait fin à un différend séculaire avec les États-Unis en matière de pêcheries, simplement parce qu'un sénateur américain du Maine parlant au nom de quelques centaines de pêcheurs de pétoncles l'a voulu ainsi (Gotlieb, 1991, p. 20).

La tradition et la formation des fonctionnaires canadiens ne les préparent pas à composer avec une vraie séparation des pouvoirs et avec la quantité d'acteurs politiques hors de l'exécutif aux États-Unis. La question principale, selon Gotlieb (1991, p. viii), se résume donc ainsi : « Comment pouvons-nous régler nos différends – économiques, commerciaux, politiques, environnementaux – avec un pays où le pouvoir politique est aussi éparpillé dans tout le système gouvernemental ? » On pourrait même se demander si quelqu'un est vraiment aux commandes dans ce pays ou si tout ce qui tient lieu de gouvernement est un système de *checks and balance*[24].

La *Convention de Vienne* sur les relations diplomatiques comporte deux commandements s'adressant aux diplomates : toutes les affaires officielles doivent être menées par l'intermédiaire du ministère des Affaires étrangères et les diplomates ne doivent pas intervenir dans les affaires intérieures du pays où ils sont stationnés. Le

---

24. Entretien avec un fonctionnaire, mars 1994.

premier problème des diplomates canadiens aux États-Unis, c'est que trop de politiques et de problèmes intérieurs américains ont des effets internationaux et deviennent de ce fait des enjeux intérieurs du Canada. Pensons par exemple aux études environnementales sur les sources alternatives d'électricité effectuées dans l'État de New York et en Nouvelle-Angleterre. Le deuxième problème réside dans la séparation des pouvoirs aux États-Unis, qui se traduit par l'impossibilité pour les diplomates canadiens de n'avoir de contacts qu'avec le State Department. Évidemment, il est difficile pour les gouvernements étrangers de faire du lobbying auprès du Congrès, car ils n'ont ni votes ni PACs (Comités d'action politique) à offrir en guise de monnaie d'échange, sauf dans quelques cas qui ont fait scandale.

Pour Gotlieb, la tâche de l'ambassadeur du Canada à Washington consiste à être le lobbyiste en chef de son pays. D'après lui, « un ambassadeur étranger à Washington n'est affecté ni à un gouvernement ni même à un système. Il est affecté à une masse instable de gens, de forces et d'intérêts en transition, en alignement et réalignement constants, pouvant affecter les intérêts du pays qu'il représente ou encore leur nuire » (Gotlieb, 1991, p. 31). Gotlieb (1991, p. 117-118) en arrive à la conclusion qu'un gouvernement étranger n'est qu'un groupe de pression de plus dans le système de Washington et qu'il devrait jouer son rôle en conséquence. Gotlieb développe son idée en y ajoutant ce qu'il appelle la « doctrine de la multiplicité des instruments », c'est-à-dire « une politique visant à encourager autant de Canadiens que possible – fonctionnaires, législateurs, politiciens, gens d'affaires, lobbyistes ou autres personnes œuvrant dans toutes les sphères de gouvernement à tous les niveaux – à prendre une part active dans la défense des intérêts du Canada aux États-Unis ». Pour lui (1991, p. 131), c'est là « une façon d'intégrer de nouvelles gens, de nouvelles voix et de nouveaux arguments au débat dans l'arène politique américaine, si dispersée et fragmentée ». Il poursuit ainsi : « Mais au fil du temps, j'ai mieux compris le phénomène de la dispersion du pouvoir dans le système politique américain et j'ai acquis la certitude qu'il fallait gérer la situation de façon à accroître, non à réduire, le nombre d'acteurs canadiens sur ce terrain » (1991, p. 126). Il démontre à notre avis que les provinces canadiennes devraient ouvrir des bureaux à Washington, bien qu'un ambassadeur canadien même retraité ne puisse le dire explicitement.

Le gouvernement canadien s'est toujours opposé à ce que quelque province que ce soit ouvre un bureau à Washington. Officiellement, c'est dans le but d'éviter des problèmes de cohérence et de coordination, même si le Québec et le Canada n'ont jamais eu de désaccord majeur sur les objectifs économiques à poursuivre aux États-Unis (Clarkson, 1985, p. 305). C'est la dimension politique qui caractérise les rapports France–Québec qui pose problème. Lors de sa nomination, Anne Legaré disait vouloir donner une dimension plus politique à son travail à Washington, ce qui n'était pas pour calmer les craintes[25]. Le gouvernement canadien a toujours demandé au gouvernement américain de ne pas accorder de permis de travail aux employés des gouvernements provinciaux pour travailler à Washington. Évidemment, en pratique, les ministres et fonction-naires provinciaux rencontrent des membres du Congrès et des bureaucrates américains. Les Américains ont d'ailleurs trouvé insensée une déclaration de l'ambassadeur canadien visant à chape-ronner toutes ces rencontres. L'ambassadeur canadien Raymond Chrétien a fait cette déclaration la veille d'un discours de Mathew Coon-Come (qu'il avait lu) qualifiant les politiques québécoises de racistes, discours prononcé devant l'American Council for Quebec Studies. M. Parizeau décida le même jour d'arrêter le projet de développement à la baie James, ce qui diminuait l'effet des reven-dications des Cris. Comme quoi certains problèmes québécois se développent et se règlent à partir de Washington.

Peut-être qu'ouvrir un bureau à Washington ne fera pas telle-ment avancer les choses. Pourtant, comme le veut l'adage, si les neuf dixièmes de la diplomatie, c'est d'être là, il faut être à Washington. Avoir une ambassade sur place n'est pas la solution à tous les problèmes, comme le démontre l'exemple du gouvernement mexicain, qui a embauché des lobbyistes pour obtenir l'appui des firmes de relations publiques de Washington, favorables à l'ALÉNA. De même, l'ambassade canadienne a recours à divers canaux à Washington même si elle a presque 300 employés. Le Canada est un des cinq pays qui dépensent le plus à ce jeu à Washington où 800 firmes offrent leurs services de lobbying[26]. Les ambassadeurs, conformément au modèle suédois, peuvent très bien être stationnés dans leur propre capitale et ne se déplacer que lorsque c'est nécessaire de le faire, mais il faut utiliser tous les réseaux politiques américains[27].

---

25. Michel VENNE (1994). « Pas de guerre des drapeaux à Washington », *Le Devoir*, Montréal, 19 novembre, page A-8.
26. Pour une perspective de relations publiques à Washington, voir Jarol MANHEIM (1994). *Strategic Public Diplomacy & American Foreign Policy*, New York, Oxford University Press ; et Donald H. HAIDER (1974). *When Governments Come to Washington*, New York, Free Press.
27. Entretien avec un fonctionnaire, février 1994.

Les délégations peuvent avoir trois mandats selon les cadres du ministère interviewés : celui de rapporter, celui d'agir et celui de constituer des réseaux. La première mission consiste à définir ce qui se fait dans un secteur donné pouvant avoir une importance stratégique pour le Québec. Ainsi, l'effet qu'aura la réforme du secteur de la santé aux États-Unis sur la compétitivité des entreprises américaines, et ultimement des entreprises québécoises, mérite analyse. La deuxième mission consiste à offrir des services tels que l'organisation de visites ministérielles et à établir des contacts avec des personnes ou des organisations qui pourraient se révéler importantes pour le Québec. Enfin, la troisième mission exige que l'on ait des bureaux à travers le monde. Et c'est ce qui fera défaut à l'Ontario au cours des prochaines années[28]. Les provinces ont décidé d'intervenir elles-mêmes sur le plan international parce qu'Ottawa n'a pas toujours bien représenté leurs intérêts. Puisque Ottawa devra endiguer son déficit, il ne serait que normal que de laisser les provinces accomplir une partie du travail. Il n'est pas évident que restreindre l'accès à la communauté politique de Washington soit la meilleure façon de servir les intérêts canadiens. Si le Canada peut trouver son intérêt à avoir une ambassade à Washington, pourquoi les provinces n'auraient-elles pas intérêt à y avoir des bureaux ? L'ancien ministre libéral québécois Richard French (1993, p. 13-14) partage l'avis de Gotlieb.

> Le Canada a réussi à exclure de Washington le Québec et les autres provinces. Le problème réside dans le fait que, en tant que centre de pouvoir, Washington est si diffus et a tant de visages différents qu'aucune ambassade canadienne [...] ne peut défendre adéquatement la myriade d'intérêts canadiens affectés par les actions du Congrès, de l'exécutif, des associations sectorielles, des groupes de pression, des lobbyistes et des médias.
>
> [...]
>
> Le Québec devrait fermer ses bureaux dans les endroits où son influence ne peut être que marginale. Il devrait réserver à l'axe New York–Washington les ressources et les priorités politiques qu'il faut pour défendre les intérêts économiques supérieurs du Québec. Il devrait négocier pour lui-même avec le gouvernement fédéral une présence à Washington pendant une période de temps précise, en échange de quoi il aurait une compétence exclusive sur les questions d'économie et de tourisme, et sur les

---

28. Entretien avec des fonctionnaires, février 1994 et avril 1996.

enjeux spécifiques de diplomatie régionale concernant les États du Nord-Est américain.

Il faut également préciser qu'il n'est pas tout à fait exact de dire que New York est le lieu privilégié où traiter de questions économiques. Comme l'ont démontré les négociations entourant l'accord de libre-échange, « la fonction publique joue un rôle plus actif et plus novateur et [...] les structures étatiques jouent un rôle plus déterminant que ne le veut la sagesse populaire » (Ikenberry, 1988, p. 220). On présume toujours que le Québec n'obtiendrait pas le statut diplomatique, mais ce dont le Québec a véritablement besoin, outre les lobbyistes qu'il a déjà, c'est une délégation commerciale. Washington a autant d'importance pour le Québec que Paris. Pourquoi des délégations générales à Londres, à Paris, à Bruxelles, à Mexico et non pas à Washington ? Quel serait le coût d'une telle délégation ? La possibilité pour le Québec d'avoir à Washington un statut international reconnu est faible compte tenu de la doctrine juridique américaine (Jacomy-Millette, 1977, p. 541), mais la chose n'est pas politiquement impossible. C'est une question d'interprétation du système américain.

5.3. Le Québec et les États-Unis : un problème soluble ?

Aux États-Unis, il y a trop de groupes cibles à rejoindre et ils sont trop différents pour qu'il soit facile de composer avec eux. Il n'est en outre pas certain que le Québec sache utiliser ses connaissances à bon escient. En février 1992, John Ciaccia est allé à Washington pour discuter de questions diverses avec des politiciens et des fonctionnaires américains, dont le respect de l'*Accord de libre-échange*. Il conclut que les politiciens étaient sensibles à ses vues, mais pas les fonctionnaires. On peut se demander ce que les fonctionnaires américains ont pu penser de ce commentaire lorsqu'ils ont préparé les rencontres subséquentes avec les Québécois[29]. Ce genre d'attitude est également flagrant dans la guerre de relations publiques qui a mis aux prises Hydro-Québec et une coalition de groupes autochtones et écologistes dans l'affaire du développement de la baie James. Le gouvernement du Québec a réagi trop peu et trop tard à cette campagne de relations publiques portant sur un projet de

---

29. Marie TISON (1992). « Libre-échange : les fonctionnaires américains sur la défensive », *La Presse*, 6 février, page D-5.

développement qui, à court terme, aurait pu empêcher le Nord-Est des États-Unis de s'engager plus avant dans le nucléaire pour la production d'électricité.

Dans ses relations avec les États-Unis, l'État québécois doit composer avec trop d'enjeux différents pour qu'il soit facile de les gérer : la culture, les relations avec les communautés franco-américaines, en Louisiane ou ailleurs[30], l'énergie, l'environnement, les exportations, les emprunts gouvernementaux, la police, les droits autochtones, les investissements directs des États-Unis au Québec, la science et la technologie et l'immigration. Dans toutes ces matières, le Québec a peu ou pas de contrôle sur l'opinion publique, si bien qu'il ne peut pas être aussi efficace dans des audiences publiques que l'ont été les Cris en Nouvelle-Angleterre ou à New York. Hydro-Québec ou le MAI ont dû affronter des groupes d'intérêt qui ont les ressources et le flair politique qu'il fallait pour être très efficaces, surtout en ce début de décennie où la situation économique faisait en sorte qu'il était très difficile de vendre de l'électricité ou d'autres produits aux États-Unis.

En revanche, la conjoncture internationale a changé avec la fin de la guerre froide. Pour employer une expression qui a connu un certain succès, le Québec ne peut devenir un second Cuba au nord. Si l'on prend en considération la vision économique du MAI, cela pourrait aussi résulter en une baisse des conflits avec Ottawa au sujet des activités internationales du Québec. En ce sens, avoir séparé à nouveau le MAI est une erreur parce que cela redonne une image louche au MRI, comme nous en ferons état au prochain chapitre.

Jusqu'à la fin de la guerre froide, il n'était pas dans l'intérêt stratégique des États-Unis de voir le Canada se diviser. Ils auraient aussi pu s'opposer à l'indépendance du Québec parce que cela aurait pu accroître l'influence française dans des matières telles que

---

30. En raison de son rôle particulier en tant que seul État francophone en Amérique du Nord, le Québec a eu une délégation à Lafayette, en Louisiane, de 1970 à 1992. Il n'y avait aucun intérêt économique pour soutenir ces activités, l'enseignement du français ayant plus à voir avec le folklore qu'avec la résistance à l'assimilation. Confronté à des difficultés financières, le gouvernement du Québec a renoncé à garder ce bureau ouvert. Pour un rappel historique exhaustif des relations Québec–Louisiane, voir Alfred O. HERO Jr. (1995). *Louisiana and Quebec : Bilateral Relations and Comparative Socio-Political Evolution*, 1673-1993, Lanham, Md., University Press of America.

l'OTAN[31]. D'ailleurs, vers la fin des années 1970, le gouvernement du Parti québécois était revenu sur sa position initiale de neutralité internationale pour affirmer qu'un Québec indépendant demanderait de se joindre à l'OTAN et à NORAD. Officiellement, le gouvernement américain a toujours été en faveur d'un Canada « fort et uni » (Hero et Balthazar, 1988, p. 30). L'ambassadeur des États-Unis au Canada à la fin des années 1970, Tom Enders, a même recommandé à son gouvernement « de se comporter de façon à ne laisser subsister aucun doute quant à un éventuel appui au Québec » (Granatstein et Bothwell, 1990, p. 347). Les États-Unis s'accommoderaient cependant d'un Québec souverain (Lisée, 1990, p. 443). Selon l'étude LeHir mentionnée au chapitre un, il est possible que les États-Unis ne créeraient pas de problèmes pour reconnaître un Québec souverain, mais il est sûr qu'ils négocieraient durement.

Dans son bilan de 1977, Jean-Louis Roy concluait qu'il faut retenir deux choses des relations du Québec avec les États-Unis. Premièrement, la diversité des échanges : ententes bilatérales et multilatérales avec des États dans presque tous les secteurs d'activité, négociations entre le bureau du premier ministre et les milieux financiers, etc. Deuxièmement, le sous-équipement du gouvernement québécois aussi bien en personnel qu'en ressources pour transiger avec les États-Unis. Il soulignait l'urgence de définir une politique d'ensemble qui permette d'intégrer les différents efforts dispersés jusqu'alors. C'est essentiellement le bilan que Lisée (1990) fait treize ans plus tard. C'est le bilan qu'il est encore possible de faire à la lecture du dernier rapport annuel du MAI. Le Québec n'a pas encore investi toutes les ressources nécessaires dans sa politique étrangère à l'endroit des États-Unis. Il doit aussi développer une vision cohérente des buts à atteindre. Selon les fonctionnaires interviewés, l'énoncé de politique actuel, décrit dans le chapitre suivant, est trop général pour atteindre cet objectif.

Il n'est pas évident que le Québec ait beaucoup progressé dans sa compréhension des États-Unis. Lors de la dernière campagne référendaire, le secrétaire d'État américain a déclaré qu'il ne fallait pas présumer que les liens existant entre son pays et le Canada seraient reconduits advenant la souveraineté du Québec. C'est à la fois la position traditionnelle du gouvernement américain et une base de négociation s'il fallait renégocier un traité de libre-échange.

---

31. Voir R.B. BYERS et David LEYTON-BROWN (1980). « The Strategic and Economic Implications for the United States of a Sovereign Quebec », *Canadian Public Policy*, vol. 6, p. 325-341. Voir aussi HERO et BALTHAZAR (1988), p. 31.

Cette position confirme les recherches publiées sur le sujet. Le ministre Landry s'est toutefois senti obligé de répondre par écrit à Warren Christopher pour attirer son attention sur les impacts à long terme de toute nouvelle déclaration américaine sur le référendum. C'est, semble-t-il, la lettre qui demeure un problème[32]. Il est difficile de comprendre en quoi cette lettre pouvait bien faire progresser les relations du Québec avec les États-Unis, comme le commentaire de Raymond Chrétien en 1994 et le discours de René Lévesque à New York en 1977.

---

32. Tiré de la chronique des relations extérieures du Québec, *Études internationales*, nº 27 (1996), page 167. Voir aussi « L'exemple de Landry », article de la presse canadienne dans *La Presse*, 4 avril 1996, page B-5.

La construction de l'État québécois par la pratique des relations internationales 6

En 1960, le gouvernement québécois n'avait pas de ministère en charge des affaires internationales. Six fonctionnaires du ministère de l'Industrie et du Commerce basés à New York formaient l'ensemble de la diplomatie québécoise. Moins de trente ans plus tard, lorsque le rideau de fer s'est levé, en quelques semaines, le gouvernement était prêt à envoyer une délégation en Europe de l'Est préparer des échanges économiques. Que s'est-il passé entre temps ? Le gouvernement du Québec a-t-il réussi à mettre sur pied les cadres institutionnels lui permettant d'œuvrer efficacement sur la scène internationale malgré son statut d'État fédéré, ses ressources budgétaires limitées, etc. ?

Nous avons parlé dans les chapitres qui précèdent des difficultés de formulation de la politique internationale du Québec tiraillée entre les besoins de modernisation, de Charles de Gaulle et de la résistance du gouvernement fédéral ainsi que de l'importance de tenir compte des difficultés de mise en œuvre de cette politique, principalement aux États-Unis. Dans ce chapitre, nous nous intéressons à l'organisation qui a la responsabilité institutionnelle de cette politique. Nous décrivons l'institutionnalisation de cette politique en insistant sur trois points : 1) l'amélioration de la capacité de formuler une politique tient à l'apprentissage qui fut fait dans ce domaine ; 2) la difficile construction de l'appareil administratif chargé de la mise en œuvre ; et 3) la capacité d'obtenir les ressources de façon à atteindre les objectifs.

La constitution d'un ministère tout d'abord des Affaires inter-gouvernementales fixait le cadre institutionnel de ces activités (Jacomy-Millette, 1977, p. 515). Établir des organisations chargées de la mise en œuvre des politiques gouvernementales donne à ce qui était initialement un geste sans portée une tout autre dimension. L'établissement du ministère permettait aussi de créer un organisme de coordination horizontale qui faisait cruellement défaut au gouvernement du Québec durant les années 1960 et même 1970 (Latouche, 1988, p. 37). L'accroissement des activités de ce ministère a occasionné des modifications répétées à sa loi constitutive. Est-ce que les lois modifiant les mandats des ministères viennent accréditer des activités déjà entreprises par les ministères pour les réinsérer dans un cadre juridique ou précèdent-elles des nouvelles orientations ? Si jamais une organisation gouvernementale correspond à la définition d'une anarchie organisée, ce fut la succession de ministères chargés de la politique internationale du Québec. Pourtant, s'il y a eu institutionnalisation de cette politique, c'est plus dans la construction d'un appareil administratif que dans la formulation ou la mise en œuvre.

Ce développement anarchique correspond à une intensification des activités internationales. Le nombre d'ententes signées par année a été multiplié (voir le tableau 2.1) et le nombre de visites ministérielles a beaucoup évolué (tableau 6.1). Il est entendu que ces indicateurs quantitatifs ne reflètent que grossièrement ce qui s'est produit. Aucune des ententes signées au fil des années 1980 ne revêt l'importance des accords signés avec la France en 1965. Pour bien lire le tableau 6.1, il faut considérer qu'un arrêt au cours d'un voyage où un ministre visite Paris, Londres et Milan est comptabilisé comme trois visites. Cette méthode, qui semble augmenter le nombre de voyages comptabilisés, permet toutefois de comparer les visites faites en France et aux États-Unis et les sujets discutés lors de ces voyages[1].

Les questions économiques et commerciales sont devenues plus importantes après le retour au pouvoir des Libéraux en 1985. Les

---

1. Méthodologie présentée dans BALTHAZAR *et al.* (1993, p. 55-59). Selon eux, les données ne sont pas fiables pour la période avant 1976. Selon Claude Morin interviewé en 1995, certaines visites aux États-Unis entre 1977 et 1980 qu'on ne voulait pas publiciser au cas où elles fonctionneraient mal ont dû être oubliées.

Tableau 6.1

Où vont les ministres en voyage?

Visites par pays, par mandat et par sujet (1976-1989)

Sujets	Gouvernement								
	Lévesque 1 (1976-1981)			Lévesque 2 (1981-1985)			Bourassa (1985-1989)		
	États-Unis	France	Autres	États-Unis	France	Autres	États-Unis	France	Autres
Politique/ Diplomatie	14	10	16	22	10	23	5	6	19
Organisations internationales	6	1	9	4	3	5	0	0	0
Culture/Commun.	4	2	5	7	11	9	5	6	11
Économie/ Commerce	35	7	25	44	26	76	42	11	73
Éducation/Science	1	5	6	4	5	14	0	1	6
Immigration	0	1	14	1	1	8	0	1	9
Environnement	0	2	4	8	1	2	12	1	7
Autres	1	7	18	7	9	30	3	3	13
Total	61	35	97	97	66	167	67	29	138
Total/ Gouvernement	193			330			234		

Source : Balthazar *et al.* (1993).

ministres libéraux faisaient des visites liées à ces sujets dans 54 % des cas comparativement à 43 % et 44 % des visites des ministres du Parti québécois. Il faut aussi noter que le nombre de visites a augmenté après le référendum de 1980. De 1983 à 1985, les ministres péquistes font en moyenne 81 visites à l'étranger par an alors qu'ils n'en faisaient en moyenne que 44 par an auparavant. Durant leur deuxième mandat, après avoir réduit les salaires de leurs fonctionnaires de 20 % en 1982-1983, les ministres péquistes sont allés en France 66 fois alors qu'ils n'avaient dû y aller que 35 fois au cours du premier mandat.

Les ministres libéraux ont aussi voyagé plus que les ministres péquistes du premier mandat mais sont moins allés en France. La proportion des visites aux États-Unis demeure la même au cours des trois mandats : 30 %, 29 % et 29 %. Les questions environnementales, d'abord guère discutées, gagnent en importance, surtout aux États-Unis, au cours de cette période qui voit des groupes s'opposer aux projets d'Hydro-Québec à la baie James. Ces visites sont un indicateur parmi d'autres. On aurait pu aussi considérer d'autres activités comme les foires et les missions à l'étranger auxquelles le MAI invite les gens d'affaires à participer en payant une partie des frais[2]. Le volume d'activités a augmenté avec la capacité de planifier, d'organiser et de mettre en œuvre. Globalement, on peut dire que la politique internationale du Québec est devenue bien adaptée à la réalité des années 1990 moins parce qu'elle fut conduite de façon éclairée et clairvoyante que parce que le monde a changé lui donnant une rationalité a posteriori.

6.1. Continuité et cohérence dans la formulation

La formulation des politiques n'est pas toujours un processus cohérent et planifié. C'est plus souvent un processus itératif où les gouvernements utilisent les répertoires de solutions disponibles (Allison, 1971). Ces répertoires évoluent dans le temps et ce qui est fait peut être vu comme une continuité plus parce que les gouvernements construisent peu à peu en fonction de ce qui existe déjà que par souci de cohérence. Les choix faits précédemment conditionnent ceux qui peuvent être faits par la suite. Qui plus est, la politique internationale doit répondre aux interactions avec les interlocuteurs. Le processus est circulaire : les facteurs domestiques ont un impact sur la politique extérieure et les facteurs internationaux ont un impact sur les politiques domestiques (Gourevitch, 1986). Le degré de dépendance sur l'extérieur conditionne la réactivité. On a vu aux chapitres trois et quatre que dans le cas du Québec, la réactivité fut grande. Un énoncé de politique même soigneusement conçu n'aurait eu qu'une importance très relative dans ce contexte. En fait, la doctrine Gérin-Lajoie est très longtemps demeurée le seul énoncé de politique cohérent, énoncé devenu politique dans les circonstances décrites au chapitre deux. Il y a plus de vingt ans, Christopher Malone (1974, p. 310-311) concluait ainsi son analyse de la rationalité et de la continuité de la politique internationale du Québec :

2. Voir par exemple le *Calendrier Foires et missions à l'étranger 1995-1996*, édition mise à jour en novembre 1995 par le MAI.

1. Le Québec doit avoir une politique internationale.
2. Cette politique doit comporter des volets culturels et économiques visant à équilibrer autant que possible le voisinage écrasant du monde anglo-saxon nord-américain.
3. La France est et doit demeurer le partenaire privilégié dans ce domaine.
4. Le cadre constitutionnel doit être respecté.

Il voyait aussi des discontinuités importantes dans la priorisation accordée à cette politique par les gouvernements successifs de la période 1960-1972, surtout dans le style et le vocabulaire utilisés, les secteurs à privilégier et la rentabilité économique que l'on en attendait (Malone, 1974, p. 317). Il évaluait (1974, p. 254) aussi que :

> La faiblesse des structures mises en place, un personnel insuffisant et instable, une absence d'unité dans la conception et la planification de l'action gouvernementale, l'absence simultanée de groupements chargés d'analyse et de prévision, firent que trop souvent que les dirigeants, même animés d'une volonté ferme, manquaient de prise sur les événements, étaient réduits à réagir au lieu d'agir.

Une décennie plus tard, Poulin et Trudeau (1982, p. 20) écrivaient :

> Dans leur ensemble, les délégations n'ont pas de plan stratégique dans lequel sont articulés les objectifs et les moyens. Leur « programme » est en fait un « listing » d'actions ponctuelles qui ressemble plus à un calendrier d'activités qu'à la formulation d'un plan. Il nous a été permis de constater qu'au cours des réunions annuelles des délégués à Québec, il n'y a pas eu de discussions véritables sur les orientations et les objectifs des délégations, que plusieurs délégués déplorent l'imprécision des mandats qu'on leur donne et que le « briefing » donné au délégué au moment de son départ est de nature plus administrative que stratégique.

Ils notaient par ailleurs la meilleure planification des relations France–Québec résultant des mécanismes existant et l'effort pour structurer les délégations américaines. Ils déploraient cependant le manque de formation et d'enseignement d'une vision commune aux employés du ministère (1982, p. 21). Ils concluaient que le ministère avait besoin de resserrer sa gestion, d'implanter un processus de planification stratégique qui mènerait à la formulation d'un énoncé de politique et de cesser de fonctionner sur un mode réactif (1982, p. 44-45).

Le volet culturel de la politique internationale lancée en 1965 illustre aussi que la planification est venue sur le tard. Cartier et Rouillard (1984, p. 153) concluaient qu'après vingt ans d'efforts dans le domaine, le Québec n'avait toujours pas de politique ou de stratégie d'intervention. De plus, l'autorité du ministère dans ce champ était encore contestée par d'autres agences gouvernementales.

La littérature empirique sur la politique extérieure du Québec conclut à un manque de rigueur[3]. Par exemple, une évaluation des retombées d'un programme de coopération avec la France en matière d'éducation a démontré que le seul objectif atteint était l'officialisation des rapports de coopération (Donneur, 1983). En ce qui a trait à la politique d'achat, une étude note que la formulation ne tient pas compte de l'impact de la politique (Bernier, 1984). Painchaud (1988) et Bonin (1982) remarquent que la politique à l'endroit des États-Unis a manqué de planification, de vision globale. Dans sa recension de la présence institutionnelle du Québec en Amérique latine, Gay (1985) constate que là aussi la politique est non définie. Bélanger *et al.* (1993, p. 154-155) concluent leur revue des études empiriques sur la question en disant que la logique d'ensemble est difficile à cerner.

Mis à part le souci constant de l'État québécois de maintenir et d'accroître de manière générale sa présence internationale, et en incluant l'importance accordée à la France pour la coopération culturelle et éducationnelle et aux États-Unis comme source de capitaux et comme partenaire commercial, il a été difficile pour les chercheurs d'ordonner une stratégie ou une politique d'ensemble de l'activité internationale du Québec. Plus on s'éloigne de cet axe géographique ou plus on entre dans le détail d'une analyse microscopique, moins il semble possible de dégager une cohérence dans l'action étatique. Et ce, même dans le cas de secteurs d'activité présumément essentiels pour le Québec et relevant de sa seule juridiction.

Peu de temps avant de perdre le pouvoir en 1985, le gouvernement du Parti québécois avait publié un énoncé de politique, le premier effort pour formuler une politique après les discours de Gérin-Lajoie en 1965. C'était le premier énoncé de politique après vingt-cinq ans de mise en œuvre de cette politique. La publication de cet énoncé suivait un long processus de consultation, la tenue

---

3. Nous utilisons ici la revue de la littérature faite par BÉLANGER *et al.* (1993).

d'une des conférences socio-économiques de l'époque et la publication d'un état de la situation et d'un rapport intitulés *Le Québec dans le monde*. Au cours de cette conférence socio-économique, les participants avaient demandé au gouvernement de mieux faire connaître sa politique en la matière, de les consulter pour sa conception et de les associer de plus près à son application (Leduc *et al.*, 1989, p. 212). Cet énoncé définissait six domaines d'intervention : les relations économiques, les relations scientifiques et technologiques, les relations culturelles, l'immigration, l'environnement et l'énergie.

Le document intitulé *Le Québec dans le monde, le défi de l'interdépendance* énonçait pour la première fois les principes soustendant la politique internationale du Québec, les objectifs visés, les domaines d'intervention et les régions du monde à prioriser. Cet énoncé est divisé en six parties : les fondements de la politique, le cadre de cette politique, les secteurs d'intervention, les champs d'intervention, les régions d'intervention et les instruments ou moyens de cette politique. Le document, qui porte principalement sur les questions économiques, vise surtout des échanges avec les pays industrialisés. Il énonce que la diplomatie culturelle est un instrument pour établir des relations avec d'autres pays et pour développer l'image du Québec à l'étranger. Avec le changement de gouvernement en 1985, cet énoncé ne devait pas devenir la politique officielle à mettre en œuvre mais sa connaissance chez les fonctionnaires devait en faire un document de référence au cours des années suivantes.

Comme le prévoyait la loi de 1988, le ministre devait concevoir une politique des affaires internationales. L'énoncé de politique intitulé *Le Québec et l'interdépendance, Le Monde pour horizon, Éléments d'une politique d'affaires internationales* a été rendu public le 19 septembre 1991. Il traite essentiellement les affaires internationales, laissant la politique étrangère au gouvernement fédéral. Les références au caractère distinct du Québec y sont réduites au minimum. Le résultat de cet effort stylistique est que l'énoncé utilise rarement le mot « Canada » et est construit de façon à présenter la politique québécoise en parallèle à ce que fait le gouvernement fédéral, auquel il ne consacre pas deux pages complètes.

On reprend la formule du précédent énoncé : on propose un cadre d'intervention, on spécifie les domaines de cette intervention, les régions géographiques visées (désormais les partenaires) et l'on présente les moyens de mise en œuvre.

Dans cet énoncé, huit domaines d'intervention ont été retenus : l'économie (le développement industriel, les investissements, la commercialisation et le tourisme), la science et la technologie, la culture, les communications et la langue, les ressources humaines (la formation et l'immigration), les affaires sociales et l'environnement, le rayonnement à l'étranger, et les relations intergouvernementales et institutionnelles. L'interdépendance y est présentée comme une réalité incontournable : le progrès du Québec dépend donc de sa capacité à s'inscrire avec succès dans des réseaux internationaux.

Dans cette politique, les partenaires étrangers du Québec sont reclassés : en Amérique, les États-Unis demeurent le « premier pôle » et le Mexique devient un « partenaire privilégié ». En Europe, la France demeure un « partenaire privilégié » et le Royaume-Uni et l'Allemagne sont désignés comme des « partenaires de premier plan ». La politique mentionnait aussi le changement de statut de certaines missions, qui passaient du statut de bureaux à celui de délégations ou de délégations à délégations générales, et l'augmentation autant dans les délégations qu'au central des ressources consacrées à la prospection d'investissements étrangers.

Cet énoncé général fut suivi d'un document intitulé *Le Québec et l'interdépendance : l'horizon de la francophonie internationale,* qui précisait premièrement l'appui du Québec au développement ordonné des institutions telles que les sommets, les conférences ministérielles et l'ACCT d'ailleurs décrite comme l'organisation centrale de la Francophonie. Deuxièmement, le document annonçait l'appui du Québec au développement de projets dans des secteurs dits stratégiques : l'agriculture, l'environnement, l'énergie, la coopération scientifique, les communications, etc.

Si l'énoncé de 1991 reprend la structure du précédent, il donne une indication des changements survenus depuis 1985 dans le rôle de l'État. Dans le premier énoncé, l'État est responsable des relations internationales, dans le second, il participe aux plus limitées relations économiques transnationales[4]. En fait, la priorisation de l'économie entreprise dans les années 1970 (Noda, 1989, p. 458) se poursuit entre les deux énoncés.

---

4. Une analyse de contenu des deux documents a été faite. Elle révèle que les priorités ont changé des relations internationales vers les affaires et le commerce. Alors que dans le texte de 1985, le mot « peuple » était utilisé 19 fois, il n'est mentionné qu'une seule fois dans le texte de 1991. Voir BÉLANGER (1993).

Cet énoncé démontre que le MAI est désormais capable de concevoir sa politique et, pour citer le document, d'avoir une vision stratégique et de dépasser les nécessités à court terme. Si Gérin-Lajoie était trop bref, l'énoncé de 1991 est cependant trop long, même si, pour certains fonctionnaires, on réussit à ne pas y dire grand-chose. Les principes de ces activités internationales ne sont pas plus clairs. Ils ne sont pas assez pointus, pour citer un cadre du MAI de l'époque. Il est possible que dans certains dossiers l'énoncé soit contre-productif par la moindre importance qu'il accorde à certaines relations, pour citer un autre cadre. Pour plusieurs des fonctionnaires interviewés, le document couvre trop de choses et ne présente pas clairement les priorités du gouvernement[5]. Après tout, comme disait un cadre du ministère, au-delà de la planification sectorielle, il n'y a toujours pas de stratégie internationale, pas de vision. Certains vont plus loin, ils déplorent que certaines faiblesses soient soulignées publiquement, dans les relations avec l'Asie par exemple. Les documents de programmation annuelle en ont cependant tenu compte.

Il est possible que ces deux efforts de planification stratégique aient en fin de compte été surtout utiles pour l'exercice qu'ils représentaient. En discutant des façons d'arrimer la mission culturelle et la mission commerciale, le MAI en est venu à cimenter sa culture[6]. Dans la première moitié des années 1990, une culture organisationnelle commune semble se développer au MAI, qui commence à réunir éducation, culture et économie. Les spécialistes et les généralistes entreprennent également de travailler de concert[7]. Selon plusieurs fonctionnaires, l'idée que culture et commerce vont de pair prenait. Deux exemples sont très souvent cités lors des entrevues: la venue d'une exposition du musée de l'Hermitage de Saint-Petersbourg au musée du Québec, qui aide à ouvrir des portes en Russie, et les tournées du Cirque du Soleil, qui favorisent la vente du Québec à l'étranger. C'est cette culture du MAI que va détruire le gouvernement en scindant le ministère en deux au printemps 1996.

---

5. Lors d'entrevues réalisées en 1992 et 1993, des cadres du MAI disaient que dans leur division géographique, il n'y a pas de politique claire à mettre en œuvre malgré l'énoncé de 1991.
6. Commentaire fait par de nombreux fonctionnaires. Voir aussi GOUVERNEMENT DU QUÉBEC (1988). « Les perceptions du Québec à l'étranger et les outils de promotion », MAI, Direction de la programmation et de l'évaluation, janvier.
7. Entrevue avec des cadres supérieurs du ministère, de février 1994 à avril 1996. Sur l'étude de la culture organisationnelle, voir BERNIER (1989).

Par définition, les mandats gouvernementaux ne sont pas clairs. Que signifie « élaborer » en termes concrets ? À quel point les autres ministères désirent-ils collaborer ? Chercher une cohérence dans ce qui est entrepris revient à chercher la cohérence que veulent bien lui donner les fonctionnaires en poste. En politique extérieure, les décisions sont souvent prises très vite, on ne se laisse pas le temps de les planifier et l'on présume qu'on pourra éventuellement leur apporter des corrections si besoin est[8]. Souvent, le gouvernement tire profit de la situation qui se présente (Morin, 1987, p. 19). La planification stratégique dans ce domaine est venue après deux décennies de mise en œuvre alors que les responsables de cette mise en œuvre avaient pris l'habitude de s'en passer. Ce n'est pas des retombées de ces exercices de planification que l'institutionnalisation est venue. Le MAI, sous ses diverses appellations, a longtemps fonctionné sans que ses membres partagent des objectifs clairs. Pour plusieurs fonctionnaires, c'est dans la construction de l'appareil administratif qu'on peut trouver les signes de l'institutionnalisation de cette politique.

Quelqu'un qui a participé de près à la formulation de la nouvelle politique canadienne dans le domaine disait que le manque de planification n'a rien d'original. Après tout, disait-il, la Grande-Bretagne n'a pas refait l'exercice depuis 1972. Avant l'an dernier, le Canada ne l'avait pas fait depuis l'arrivée au pouvoir de Trudeau. Cette personne ajoutait qu'on peut se demander si, compte tenu des moyens à sa disposition, une province peut effectivement avoir une politique internationale cohérente et respectée par l'environnement mondial. Le nouveau gouvernement à Québec semble avoir répondu par la négative à cette question, ce dont il est question dans la prochaine section.

6.2. L'organisation en charge

La mise en œuvre de toute politique dépend des moyens organisationnels dont on dispose et des relations entre les différentes organisations qui y participent. Il est rare qu'une seule organisation gouvernementale soit en cause. L'histoire de l'organisation chargée de la mise en œuvre de cette politique est révélatrice du peu de respect témoigné par les politiciens à son endroit.

---

8. Entrevues avec Claude Morin et Paul Gérin-Lajoie en mars 1994.

La création en 1961 du ministère des Relations fédérales-provinciales offrit un premier cadre organisationnel pour la gestion des activités internationales du Québec. Il ne dirigeait pas les fonctionnaires des délégations du Québec qui relevaient encore du ministère de l'Industrie et du Commerce, et le ministre des Affaires culturelles faisait une guerre larvée parce qu'on ne lui avait pas transféré la tutelle de la délégation de Paris (Thomson, 1990, p. 120). De plus, l'impulsion était venue au départ de Gérin-Lajoie, à l'Éducation, pas de ce qui devait devenir le MAI (Morin, 1994, p. 194).

En 1967, l'organisme en charge devint le ministère des Affaires intergouvernementales. Par sa loi constitutive, il se voyait confier la responsabilité de concevoir une politique en matière de relations extérieures, d'établir avec les autres gouvernements les rapports jugés utiles et de coordonner les activités extérieures du gouvernement ainsi que celles de ses ministères et organismes. C'est alors que le ministère de l'Industrie et du Commerce cessa d'avoir la responsabilité des délégations existantes, même si 20 % des employés des délégations continuèrent d'en provenir jusqu'en 1975. Toutefois, les ministères des Affaires culturelles et de l'Éducation maintenaient leurs activités internationales séparément (Noda, 1989, p. 173-179). Selon un fonctionnaire en poste à l'époque, pas plus de trois ou quatre fonctionnaires travaillaient alors aux relations internationales, les autres étant attachés à la direction des relations fédérales-provinciales.

En 1974, la loi donna de véritables instruments de contrôle et de coordination au MAI. On transfère alors au MAI les 62 employés des services de coopération avec l'extérieur des ministères de l'Éducation et des Affaires culturelles. « Aux préoccupations liées à la coordination interne s'ajoute une volonté d'opérationnaliser la politique étrangère québécoise en fonction de priorités géographiques » (Thérien *et al.*, 1994, p. 258). Pour les fonctionnaires du MAI, il s'agit de la véritable naissance du ministère, car tous les fonctionnaires œuvrant en international sont enfin regroupés. Pour ceux qui étaient là à l'époque, c'était surtout les ministères de l'Éducation et des Affaires culturelles qui avaient la légitimité en international. Donc, intégrer leurs services réglait un problème épineux. On publie alors le premier organigramme du ministère. On établit les directions géographiques et sectorielles. La loi fait du MAI un organisme central (Painchaud, 1980, p. 361). Les services administratifs connaissent une forte croissance : leur effectif passe de 16,9 % à 27,6 % du nombre total d'employés. L'hostilité du ministère de l'Industrie et du Commerce se perpétue (Noda, 1989, p. 149-172, 216, 271 et 346-348).

En 1978-1979, les structures sont à nouveau changées. La coopération et les relations internationales sont fusionnées alors que les directions géographiques passent de trois (l'Europe, l'Asie et les Amériques) à six (les États-Unis, la France, l'Europe, l'Amérique latine, l'Afrique et la direction Asie et Océanie). Pour certains fonctionnaires, c'est une étape fondamentale au cours de laquelle on s'organise en fonction des territoires à couvrir.

Fin 1982, on crée le ministère du Commerce extérieur (effectif en 1983), qui remplace le Service des relations extérieures du ministère de l'Industrie et du Commerce devenu l'Office québécois du commerce extérieur, auquel on ajoutera ensuite le développement technologique (en bref, le MCEDT). On confie au nouveau ministère le programme de coopération économique et technique franco-québécois, la promotion des échanges commerciaux avec l'extérieur, le développement des exportations et la direction des missions économiques à l'étranger. L'effet immédiat est de créer deux ministères concurrents, de compliquer la coordination de la politique internationale[9]. Ce ne fut pas la trouvaille du siècle, en dira René Lévesque.

En 1984, on délesta le ministère des Affaires intergouvernementales de ses responsabilités dans le secteur fédéral-provincial pour les confier au tout nouveau Secrétariat du ministère du Conseil exécutif dont on remet la responsabilité ministérielle au ministre de la Justice. Le ministère des Affaires intergouvernementales est renommé ministère des Relations internationales (MRI) et commence ses activités en mars 1985 (Leduc *et al.*, 1989, p. 214). Après la démission de Jacques-Yvan Morin, Bernard Landry cumula les deux portefeuilles du Commerce extérieur et des Relations internationales en mars 1984. Cette double nomination avait pour but de diminuer les frictions entre les deux administrations (Hervouet et Galarneau, 1984, p. 55). Mais après l'élection de 1985, Pierre MacDonald est nommé ministre du Commerce extérieur et Gil Rémillard ministre du MRI et des relations fédérales-provinciales. On peut penser que la saga constitutionnelle dont la préparation de l'*Accord du lac Meech,* devait accaparer une part importante du temps et de l'attention de ce dernier.

Puis, au printemps de 1988, on crée le ministère des Affaires internationales en remplacement du ministère des Relations inter-

---

9. Tiré d'entrevues avec des cadres des deux anciens ministères.

nationales et du ministère du Commerce extérieur et du Développement technologique. Le ministère avait désormais le mandat de planifier, d'organiser et de diriger toute l'action du gouvernement du Québec à l'étranger ainsi que celle de ses ministères et organismes et d'élaborer, en collaboration avec les ministères concernés, une politique en matière d'affaires internationales devant favoriser le rayonnement du Québec et son développement notamment sur les plans commercial, culturel, économique, politique et social. Cette rationalisation mettait fin au dédoublement existant depuis 1983, aux problèmes de coordination et à la compétition non nécessaire entre deux organisations qui n'avaient que de maigres ressources.

La loi donnait des pouvoirs non seulement pour coordonner mais aussi pour diriger la politique internationale du Québec. Le MAI avait désormais une assise et, ce qui est peut être aussi important, sa légitimité s'améliora dans l'ensemble de l'appareil gouvernemental. La collaboration avec d'autres ministères devint plus aisée. Selon certains de ses fonctionnaires, la réactivité du début s'amenuisa. Le ministère a progressé et sa programmation est respectée.

Le gouvernement tente alors d'instituer un comité ministériel pour coordonner les efforts en ce domaine[10]. Le comité en question doit se réunir trois fois l'an, d'abord pour discuter des orientations des ministères en matière internationale, ensuite pour faire l'examen de la programmation annuelle et enfin pour évaluer les résultats. Le comité est formé des ministres des Affaires internationales, des Affaires intergouvernementales canadiennes, des Affaires culturelles, de l'Agriculture, des Pêcheries et de l'Alimentation, de l'Immigration, de l'Enseignement supérieur et de la Science, de l'Industrie, du Commerce et de la Technologie, du Tourisme et de tout autre ministre invité par son président.

C'était la première fois qu'un ministère du gouvernement du Québec avait pour seule et unique mission de s'occuper des questions internationales et qu'on chargeait un ministre de ce seul dossier. En présentant le projet de loi à l'Assemblée nationale, Paul Gobeil (1988, p. 18) insista sur la nécessité d'intégrer commerce, culture, économie, politique et questions sociales. Il énuméra aussi quatre priorités : l'économie, la science et la technologie, la culture et finalement les communications et les ressources humaines. Le nouveau

---

10. GOUVERNEMENT DU QUÉBEC (1988). Décret concernant le Comité de coordination des affaires internationales, Numéro 2001-88, 21 décembre.

ministère comptait alors deux directions générales qui avaient le mandat de concevoir les politiques de six directions régionales. « Le ministre des Affaires internationales [avait] également le mandat de veiller à ce que soit respectée la compétence constitutionnelle du Québec dans la conduite des affaires internationales.» Gobeil réitérait aussi que le réseau de représentation était un instrument essentiel du dispositif québécois d'affaires internationales. La loi fut adoptée à l'unanimité.

Lors de la présentation de son cabinet le 11 janvier 1994, Daniel Johnson jr annonça que le ministère de l'Immigration et des Communautés culturelles créé en 1975 serait désormais jumelé au MAI afin de réduire le nombre de ministères. Le sous-ministre de l'époque, qui venait de l'Immigration, disait à ses cadres réunis pour l'occasion qu'il ne voyait pas de synergie possible entre les deux ministères fusionnés si ce n'est pour quelques services administratifs[11]. La responsabilité des relations avec la Francophonie passait à la ministre de la Culture, Liza Frulla, et le poste de ministre délégué à la Francophonie disparaissait.

Jacques Parizeau conserva la formule du MAIICC lors de son élection en septembre 1994, ne voulant pas créer de remous dans le dossier des communautés culturelles avant le référendum ! Il confia le ministère à Bernard Landry. On rapatriait alors le dossier de la Francophonie au ministère. Lors de son assermentation, M. Parizeau demandait notamment à Bernard Landry de mettre un terme à la «négligence qui a remplacé les liens naguère privilégiés entre le Québec et la France». Après avoir perdu par 52 448 voix le référendum du 30 octobre 1995 et fait son commentaire sur le vote ethnique, le premier ministre Parizeau délesta Bernard Landry de la responsabilité de l'Immigration et des Communautés culturelles lors d'un remaniement partiel le 3 novembre. Il lui laissa cependant les autres activités du MAI, lui ajouta le nouveau Secrétariat à l'aide humanitaire et annonça que M. Landry représenterait le Québec au sommet francophone de Cotonou en décembre 1995.

En présentant son conseil des ministres au début de 1996, Lucien Bouchard annonçait du même coup que le MAI aurait deux ministres : le ministre d'État de l'Économie et des Finances se gardant le Commerce international, et le ministre des Relations internationales et ministre responsable de la Francophonie. Il y a par

---

11. Selon des entrevues faites en 1994-1995 et un communiqué interne du ministère daté du 25 mars 1994.

ailleurs un ministre de la Culture et des Communications qui est responsable de la Charte de la langue française. Dans un document daté du 29 janvier 1996[12], on explique les tâches des ministres dans la nouvelle structure. Le ministre d'État de l'économie et des finances doit s'occuper du développement économique du Québec (p. 29) :

> Afin d'assurer toute la cohésion requise dans l'élaboration des objectifs et l'utilisation des ressources visant à soutenir et à développer le commerce extérieur et le niveau des investissements étrangers au Québec, le ministre d'État de l'Économie et des Finances aura pour fonction de conduire l'action gouvernementale dans ce domaine.

À ce paragraphe, une note explicative est ajoutée :

> Le ministre d'État de l'Économie et des Finances assume immédiatement la responsabilité des activités, programmes et effectifs du ministère des Affaires internationales, de l'Immigration et des Communautés culturelles vouées à la mise en œuvre de l'article 13 (recherche, analyse et promotion) de la loi de ce ministère. Les amendements législatifs utiles et nécessaires seront soumis à l'Assemblée nationale lors de la reprise des travaux.

Ce ministre, en l'occurrence Bernard Landry, est non seulement ministre d'État de l'Économie et des Finances mais aussi ministre des Finances, ministre du Revenu, ministre de l'Industrie, du Commerce, de la Science et de la Technologie. Il préside également le nouveau comité ministériel de l'emploi et du développement économique et est le ministre responsable pour la région de l'Estrie. Certains ministres délégués ont été désignés pour l'épauler. On peut néanmoins s'interroger sur la capacité d'une seule personne de mener de front autant de dossiers. On peut craindre que le commerce international ne soit pour lui qu'un dossier parmi d'autres malgré son intérêt pour la chose.

On a par ailleurs confié à la ministre déléguée à l'Industrie et au Commerce, selon le même document (page 31), la responsabilité « des activités gouvernementales (politiques et programmes) dans le

---

12. Le document est intitulé « L'Organisation gouvernementale et son fonctionnement », Gouvernement du Québec, le 29 janvier 1996, 55 pages. Il est semblable aux versions d'un document sur le fonctionnement du ministère du Conseil exécutif qui a été refondu à quelques reprises dans le passé.

secteur du commerce extérieur». Cela comprend, selon une note explicative, «les unités et programmes du ministère des Relations internationales chargés de la promotion des exportations». À noter que le ministère, qui n'a pas encore légalement changé de nom, reprend dans ce texte son ancienne appellation. On utilise page 41 l'appellation ministère des Affaires internationales pour dire que le ministre délégué aux Relations avec les citoyens, ministre responsable de l'Immigration et des Communautés culturelles est responsable de l'application de la section II de la loi du ministère (Immigration et Communautés culturelles).

Finalement, le nouveau ministre des Relations internationales et ministre responsable de la Francophonie doit élaborer et proposer au gouvernement une politique en matière de relations internationales. Il est aussi chargé de la mettre en œuvre «en dirigeant, supervisant ou coordonnant les activités et les mesures qui en découlent selon les modalités prévues aux lois constitutives des entités administratives dont il a la charge».

Puis on ajoute dans la présentation de ses fonctions :

— Il établit et maintien avec les gouvernements, leurs ministères ou les organismes de ces gouvernements, les organisations internationales, les relations que le gouvernement du Québec juge opportun d'avoir avec eux.

— Il favorise le renforcement des institutions francophones internationales auxquelles le gouvernement du Québec participe en tenant compte des intérêts du Québec.

— Il assume la responsabilité de la coordination des activités du gouvernement, de ses ministères et organismes à l'étranger, assure les communications officielles et recommande au gouvernement la ratification des traités et des accords.

On a laissé sous son autorité le Groupe de supervision en vertu de l'*Accord sur le commerce extérieur*. Le décret 410-96 du gouvernement du Québec adopté le 3 avril 1996 précisait que le ministre de l'Industrie et du Commerce assumait désormais la responsabilité des activités, programmes et effectif du MRI qui sont voués à la mise en œuvre des relations commerciales.

On me pardonnera cette longue description mais elle est révélatrice. La loi de 1988 avait l'avantage de donner la direction et non la coordination des activités internationales au ministre responsable. Dans le nouveau système, on peut prévoir de nombreuses difficultés à déterminer quel ministre fait quoi à l'étranger, surtout qu'il est loisible de penser que c'est la ministre de la Culture et des Communications et ministre responsable de la Charte de la langue française qui a les meilleurs contacts à Paris. De la même façon, trois ministres se partagent la tâche au commerce extérieur. On peut se demander à qui un délégué du Québec transmettra la confidence d'un dignitaire étranger. De la même façon, le sous-ministre du MAI travaillera sous l'autorité du ministre délégué aux Relations avec les citoyens, de l'Immigration et des Communautés culturelles en plus d'être sous l'autorité du ministre des relations internationales.

On peut déplorer qu'encore une fois le MAI soit coupé non seulement en deux comme en 1982, mais même entre trois ministres. Avec Bernard Landry à la barre, on refait la même erreur de diviser l'action internationale du Québec. On ne peut qu'espérer que cette formule de cabinet si peu courante dans notre système parlementaire ne durera pas. À l'automne de 1982, René Lévesque avait satisfait Bernard Landry, qui avait patienté comme ministre sans ministère, en créant pour lui le poste de ministre du Commerce extérieur. Du même coup, il créait un conflit avec Jacques-Yvan Morin qui essayait alors de donner un caractère plus économique au MAI (Fraser, 1984, p. 326). Il semblerait que l'histoire se répète. Ce qui semble avoir été une erreur selon presque tous les fonctionnaires rencontrés est répété cette année. On déplore notamment la destruction de la culture organisationnelle joignant commerce extérieur et relations internationales que cette décision ne manquera pas de provoquer.

Cette liste des principales transformations administratives est longue. Cette difficulté de coordination n'est pas originale. Les gouvernements américain, britannique et français connaissent les mêmes difficultés. Des réorganisations répétées n'ont pas été rares dans les différents organismes qui composent l'État québécois depuis 1960. Ce n'est cependant pas forcément la meilleure méthode pour gérer une politique publique. Il semblerait que les décisions de réorganisation des ministères ont plus à voir avec les politiciens ministrables qu'avec la raison d'État. Aucun des fonctionnaires interviewés récemment ne considérait que cette division était une bonne idée. Tous notaient que c'était le premier recul organisationnel majeur en trente ans. Un d'entre eux soulignait qu'en 1982-1983, une des raisons pour créer le ministère du Commerce extérieur était que le ministre de l'Industrie de l'époque avouait ne pouvoir consacrer plus que 15 % de son temps au volet Commerce extérieur. Que dire maintenant que le ministre s'occupe aussi des Finances ?

Dans leur étude des difficultés de mise en œuvre, Pressman et Wildavsky (1984) soulignent que les chances de réussite diminuent avec le nombre d'intervenants. Le nombre de points de véto dont un participant peut se servir pour bloquer le processus de mise en œuvre explique la lenteur de ce dernier. On compte au Québec, selon le *Répertoire des intervenants internationaux du Québec*, 17 ministères et 39 organismes autonomes qui ont des activités internationales. Parmi ces organismes, il y a des ministères importants comme l'Éducation ou les plus grandes sociétés d'État dont Hydro-Québec (Leduc *et al.*, 1989, p. 212). On vient de rendre la mise en œuvre plus difficile. Morin (1987) a décrit les efforts partiels et sans suite pour coordonner les différents organismes gouvernementaux ayant des activités internationales. En entrevue, Morin et Gérin-Lajoie nous ont dit considérer que le gouvernement apprenait à faire des relations internationales au fur et à mesure qu'il en faisait. Certaines leçons semblent avoir peu porté.

6.3. Acquérir les ressources nécessaires pour fonctionner

À travers le processus continuel de remise en question que nous venons de décrire, le MAI a réussi à mettre sur pied l'appareil administratif le plus développé des provinces canadiennes (Nossal, 1989, p. 265-266). De l'avis des anciens ministres rencontrés, c'est aussi une administration publique très compétente. Jacques-Yvan Morin (1983, p. 10) saluait d'ailleurs les employés du ministère qui « ont construit, de peine et de misère, une modeste équipe de spécialistes, dont la compétence et le dévouement ont permis au Québec de s'affirmer sur la scène internationale en dépit de la modicité de nos moyens financiers ». Québec avait le plus grand réseau de missions à l'étranger de toutes les provinces canadiennes (McNiven et Cann, 1993)[13].

La liste des représentations du Québec à l'étranger (tableau 6.2) indique où le ministère des Affaires internationales a jugé nécessaire d'établir des délégations. Ces délégations couvrent les États-Unis et le monde francophone depuis le début des années 1970 et les pays latins et asiatiques depuis le début des années 1980.

---

13. Sur les réseaux des provinces, voir DYMENT ou MACLEAN et NOSSAL dans HOCKING (1993).

La même liste reprise par mandat gouvernemental indique que le gouvernement du Québec a d'abord couvert les grandes capitales sous Jean Lesage, a étendu son réseau aux États-Unis sous l'Union nationale puis s'est dispersé par la suite. Il est intéressant de noter que ce réseau a été étendu considérablement après le référendum de 1980. Le Québec maintenait autant de délégations aux États-Unis qu'en Europe. Ces délégations aux États-Unis ont été créées assez tôt par comparaison avec les délégations d'ailleurs. On peut y voir une hiérarchisation de la nécessité d'avoir des représentants à l'étranger. Il faut d'abord couvrir les marchés les plus importants avant de tenter des percées plus lointaines. Ce tableau souligne également les sujets dont s'occupent les délégations, dont certains thèmes peu traités ici, les emprunts par exemple.

La distribution de l'effectif au fil des ans reflète sensiblement la même chose (voir tableau 5.2). Le ministère consacre une importante proportion de son effectif aux États-Unis et en France. La proportion de l'effectif en Europe est également importante[14]. Le tableau permet d'avoir une idée plus précise des employés du gouvernement en poste à l'étranger. Par exemple, des 408 employés du gouvernement à l'étranger en 1990, 86 étaient des fonctionnaires. De ces 86 fonctionnaires, 17 étaient en poste à Paris alors que 18 travaillaient aux États-Unis dans cinq délégations. Outre la délégation générale de New York qui compte 40 personnes, le Québec compte peu d'employés dans ses délégations. Au total, la délégation générale de Paris en a 81,5 (en tenant compte d'un à temps partiel) et l'ensemble des délégations aux États-Unis, 101. En Amérique latine, en Asie et en Afrique, la présence québécoise est symbolique.

En 1988, le gouvernement québécois a entrepris l'évaluation de ses délégations à l'étranger, laquelle a été suivie de la publication d'un rapport synthèse (Bergeron, 1988) et d'un rapport complémentaire sur la représentation du Québec en Amérique latine et aux Antilles (Bergeron, 1989). Cette réflexion qui visait à rationaliser la présence québécoise à l'étranger a démontré que ce réseau était nécessaire et proposé de renforcer le travail économique des délégations et de maintenir l'appui aux relations intergouvernementales, surtout en Europe, à Boston et à New York. Le rapport suggérait de conserver les délégations aux États-Unis, sauf le bureau de Lafayette, et d'Europe sauf celle de Rome. La pertinence des délégations de Mexico, Caracas et Bogota devait être réévaluée, ce qui conduisit à leur maintien et à la suggestion d'une présence

---

14. Données provenant du CQRI.

Tableau 6.2
Les activités des délégations selon le rapport Bergeron

Catégories	Villes	Immigration	Éducation	Tourisme	Commerce	Investissement	Transfert technologique	Emprunts	Relations internationales	Monitoring	Visites (préparation)	Relations avec les ambassades du Canada	Science et technologie	Affaires publiques	Culture
Francophonie	* Paris (1961)	X		X	X	X	X	X	X						X
	Abidjan (1970)		X												
	Bruxelles (1972)	X		X	X	X	X		X						
	Lafayette (1970)		X												
États-Unis	* New York (1943)	X		X	X	X	X	X	X						
	Atlanta (1977)				X		X								
	Boston (1970)	X	X	X	X	X	X		X						
	Chicago (1969)			X	X	X	X		X						
	Los Angeles (1970)				X	X	X								X
	Washington (1978)			X	X				X	X	X	X	X		

Région	Bureau (année)	1	2	3	4	5	6	7	8	9	10	11
Europe	* Londres (1962)	X	X	X	X		X	X			X	
	Düsseldorf (1970)			X	X	X	X	X				
	Rome (1986) et Milan (1965)	X	X	X	X	X		X				
	Stockholm (1985)		X	X	X	X		X				
Asie	Hong Kong (1979)	X		X	X			X				
	Singapour (1985)			X		X		X				
	Tokyo (1973)			X	X	X	X	X				
Amériques	Bogota (1985)			X				X			X	
	Buenos Aires (1977)	X										
	Caracas (1979)			X				X			X	
	Mexico (1980)	X		X		X		X				
Immigration	Bangkok (1979)	X										
	Damas (1988)	X										
	Lisbonne (1980)	X										
	Port-au-Prince (1976)	X										

québécoise accrue en Amérique latine. Pour couvrir le sud des États-Unis, Québec avait ouvert une délégation à Dallas qui fut fermée puis remplacée par celle d'Atlanta. Le fait qu'il manque certains chiffres illustre des aspects anarchiques de cette organisation. Pour 1977-1978 et 1978-1979, il est impossible de savoir combien ont coûté les délégations du Québec (voir le tableau 6.3). On peut dire la même chose pour le coût des ministères fusionnés en 1989.

Le choix des pays où établir des délégations ne s'est pas fait toujours pour des raisons d'efficacité. Rares sont les pays qui laissent un État non souverain s'installer. Au Sénégal, le Québec n'a pas de délégation parce que ce pays voulait d'abord qu'une entente préalable soit établie entre Ottawa et Québec. Par contre, une délégation fut installée au Mexique en profitant du bref passage au pouvoir de Joe Clark en 1979 (Morin, 1994, p. 414). Lors de la défense des crédits de son ministère en 1991, John Ciaccia annonçait l'extension du réseau de délégations du Québec par l'ouverture de missions à Séoul, à Prague, à Vienne, à Rabat et au Caire.

Selon une liste du MAI datant de 1994, la Colombie-Britannique (3), l'Alberta (6), la Saskatchewan (5), l'Ontario (12) et la Nouvelle-Écosse (3) ont 29 bureaux de par le vaste monde. En 1991, seul le Québec avait des bureaux en Amérique latine et en Afrique. De ces missions, certaines sont dans des États américains limitrophes : le Dakota pour la Saskatchewan, l'État de Washington pour la Colombie. Sept provinces ont un pied à terre à Hong Kong et à Londres et cinq en Allemagne. Le Québec avait 29 des 80 bureaux provinciaux ouverts. Le Québec a non seulement le plus grand nombre de bureaux mais aussi le plus grand nombre d'employés. Par exemple, il avait 38 employés à New York alors que l'Ontario en avait 22 (McNiven et Cann, 1993). Par ailleurs, l'Ontario a fermé toutes ses missions à l'étranger et a décidé de travailler à partir de Toronto ou au sein des ambassades et consulats canadiens.

Un des problèmes d'une organisation comme celle du MAI est de répartir à l'étranger les maigres ressources disponibles. Le tableau 5.2 montre comment le Québec distribue son personnel à l'étranger entre les États-Unis et la France. Cette distribution tient compte des facteurs diplomatiques décrits ci-haut mais très peu des échanges économiques. Pendant les années 1970, il y avait plus de personnel à la délégation générale du Québec à Paris que dans les délégations aux États-Unis. La tendance n'a été renversée qu'au cours des années 1980. Ces chiffres indiquent une disproportion majeure dans la répartition de ces ressources. Le rapport des exportations québécoises vers les États-Unis sur celles vers la France est de 38,5 pour 1. Celui du personnel dans les cinq délégations aux États-Unis sur le personnel de Paris était en 1989 de 1,15 pour 1. Quelle complexité particulière des relations France–Québec justifie un tel déséquilibre ?

Le MAI redevenu MRI publiait en janvier 1996 sa liste de missions à l'étranger : 7 délégations générales, 5 délégations et 11 représentations. Puis, lors de la présentation des crédits à la fin de mars 1996, le gouvernement a demandé au ministère de couper le budget des représentations à l'étranger de 49 à 39 millions alors que le budget du programme Promotion et développement des affaires internationales devait être réduit de 97 à 88 millions. « Il devra donc réduire substantiellement ses activités à l'étranger, pour les réaliser à partir du Québec à un niveau plus conforme à la capacité de payer du gouvernement » (Gouvernement du Québec, 1996, p. 218). L'effectif autorisé est de 720 personnes. On compte que les compressions en voie de réalisation entraîneront des réductions d'effectif d'environ 100 « équivalents temps complet » et le rappel d'environ 30 fonctionnaires. On laisse au nouveau ministre des Relations internationales le programme Promotion et développement des affaires internationales en excluant les activités relatives au commerce extérieur (« promotion des exportations ») et une partie des « autres affaires bilatérales et multilatérales ») (Gouvernement du Québec, 1996, p. A-12).

On annonce alors que le Québec n'aura désormais plus que six bureaux à l'étranger, ses délégations générales de Paris, de Bruxelles, de Londres, de New York, de Tokyo et de Mexico. Le ministre Sylvain Simard admet qu'il y aura des diminutions de rentabilité mais qu'il faut avoir les ambitions de nos moyens. On annonce aussi qu'on compte faire des missions ponctuelles, plus de collaboration avec les entreprises québécoises et les sociétés d'État sont présentes sur les marchés étrangers et avoir recours à des contractuels sur place. Des bureaux d'immigration seront maintenus dans les ambassades canadiennes à Vienne, à Hong Kong, à Abidjan et à Damas mais les quatre délégations aux États-Unis (Chicago, Atlanta, Los Angeles et Boston) ferment. Ces fermetures entraînent le rapatriement de 25 fonctionnaires (Venne, 1996). D'anciens délégués ou politiciens liés aux relations internationales du Québec ont eu des commentaires négatifs au sujet de ces fermetures[15]. Pour les

---

15. Denis Lessard (1996). « La fermeture des délégations à l'étranger mal reçue », *La Presse*, 29 mars, page B-1.

pays où les relations sont essentiellement commerciales ou non gouvernementales, le changement peut être compréhensible. Mais dans les pays où traditionnellement l'État est ancré, cette idée étonne, surtout sous un premier ministre qui déclarait en 1991 : « Mon expérience d'ambassadeur rejoint sans doute votre expérience de praticiens : pour faire affaires – en tout cas de bonnes affaires – sur le plan international, il faut entretenir des relations avec les gouvernements. Cela est évident quant il s'agit des pays où l'État est le canal obligé des transactions d'affaires [...] ; pays d'Afrique, d'Amérique latine, d'Europe de l'Est, Chine, URSS[16]. » En bref, là où le Québec vient de fermer ses délégations.

Au ministère de l'Industrie, du Commerce, de la Science et de la Technologie, les crédits alloués à la promotion et au développement du commerce extérieur passent de 10 972 800 $ à 10 777 000 $ de 1995-1996 à 1996-1997. Les programmes de soutien technique aux exportations et aux investissements, pour lesquels on prévoyait 222 millions l'an dernier, ne seront pas financés cette année. Les programmes de soutien financier aux exportations sont ramenés de 9,4 à 6,1 millions (Gouvernement du Québec, 1996, p. 9-2 à 9-6).

Dans les années 1960, les premiers ministres Lesage, Johnson et Bertrand avaient conservé les dossiers intergouvernementaux. On peut y voir un signe de la nécessité de coordonner au centre ces activités mais on peut aussi penser qu'ils n'avaient guère le temps de s'en occuper considérant la lourdeur de leur tâche. Dans ses livres, Claude Morin se jugeait privilégié d'être aussi au centre des décisions lorsqu'il était leur sous-ministre. Devenu ministre, il continua à privilégier une très petite structure qui devait travailler avec les autres ministères. Il ne voit pas non plus de problème à gérer de front les relations internationales et les relations fédérales–provinciales puisque les secondes, hors des crises épisodiques, n'exigent pas beaucoup de temps du ministre responsable[17]. Un sous-ministre doit remplir deux fonctions dont l'importance varie selon les circonstances. Il doit être à la fois le conseiller en matière de politiques et être l'administrateur du ministère. Visiblement, Claude Morin fut toujours plus intéressé par le premier rôle que par le second. Qui plus est, il n'aimait pas les mondanités (Morin, 1991, p. 40), ce qui, pour quelqu'un chargé de la diplomatie québécoise,

16. Extrait d'une allocution de Lucien Bouchard devant l'Association des professionnels en commerce international publiée dans *La Presse* du 18 avril 1991, page B-3.
17. Entrevues avec Claude Morin en novembre 1994 et janvier 1995.

peut parfois poser problème. Il a certainement retardé la mise sur pied d'une organisation adéquate pour mettre en œuvre la politique internationale du Québec. Morin était aussi contre l'idée en 1978 de séparer les relations fédérales-provinciales des relations internationales (1994, p. 415-416). Dans son autobiographie (1994, p. 194), il explique qu'en 1967, lors de l'adoption de la loi transformant son ministère, il ne souhaitait pas « être chargé d'obligations ennuyeuses tels la gestion des délégations du Québec à l'étranger, le recrutement du personnel, les rencontres officielles, etc. ». Les dossiers ou les archives font défaut en partie par sa faute, comme il l'admet aussi (Morin, 1994, p. 372-373).

Un autre problème tient à l'équilibre à maintenir entre le personnel à garder au central et les gens répartis dans le réseau de délégations à travers le monde. Au gouvernement du Québec, la moyenne du personnel affecté aux activités auxiliaires dans un ministère est de 25 %. Au MAI, en 1991-1992, il y avait 1014 employés (équivalents temps complet) dont 436 travaillaient dans le réseau des délégations à l'étranger, en comptant les recrutés locaux. Il y avait cette année-là, selon le rapport annuel du ministère, 94 personnes à la délégation du Québec à Paris et 100 personnes dans les délégations aux États-Unis. Si l'on ne considère que les postes réguliers, le Québec emploie 104 personnes à l'étranger et 652 personnes au total. Combien faut-il d'employés à Montréal et à Québec pour encadrer ces délégations ?

Par ailleurs, quel est l'impact d'avoir divisé le personnel du ministère entre Montréal et Québec ? Le centre du ministère est en fait partagé en deux. Quel aurait été l'impact de tout déménager à Montréal, comme il en fut question un instant ? Aurait-on alors assisté à un changement de priorités, moins vers la France et plus vers les États-Unis ?

Ce ministère est le prototype de l'organisation difficile à gérer. C'est une bureaucratie professionnelle où les règles hiérarchiques ne peuvent guère être tenues puisque avec une progression matricielle, l'employé de la veille peut devenir le patron du lendemain après un détour dans une délégation. Les directeurs généraux n'ont guère de pouvoir sur les délégués qu'ils sont censés diriger. Ces délégués ont souvent un accès direct au sous-ministre. De plus, ils rencontrent les ministres lors des visites à l'étranger[18]. Certains délégués doivent en

---

18. Un de ces délégués profitait des repas offerts à sa délégation pour plaider l'amélioration de la vaisselle auprès de ces ministres.

outre leur poste à leur carrière politique et non à leur apprentissage au ministère. Ils ont souvent un meilleur accès au bureau du premier ministre que les cadres du ministère. En résumé, l'organigramme du ministère se révèle un piètre indicateur de l'autorité hiérarchique. C'est aussi une organisation matricielle avec des divisions géographiques et sectorielles et certains grands projets ad hoc (Poulin et Trudeau, 1982, p. 30-31). Sans compter qu'il y a une difficulté structurelle qui perdure : la division entre les directions spécialisées dans certains sujets et les directions géographiques. On peut craindre des problèmes de coordination pour certains enjeux. Bien que les structures n'offrent qu'une indication très lointaine du travail fait par les directions, on peut se demander s'il n'y aurait pas lieu de regrouper certaines activités. L'organigramme du ministère indiquait il y a quelques années que la direction « Amérique latine et Antilles » est regroupée avec « Afrique et Moyen-Orient ». La signature du *Traité de libre-échange nord-américain* risque de forcer un redécoupage. On peut aussi se demander pourquoi il y a une direction « Relations commerciales avec l'Amérique du Nord » en plus de la direction générale « États-Unis » et de la direction « Amérique latine ». On a depuis fusionné ces deux dernières directions par une direction générale « Amériques », ce qui est plus adapté à la réalité. L'intégration des activités en Amérique latine aux activités aux États-Unis semble aller dans la logique des échanges économiques. Une portion des ventes faites aux États-Unis est en transit vers l'Amérique latine. Les grandes foires commerciales tenues aux États-Unis visent aussi le même marché. Qui plus est, le lien avec l'Amérique latine permet de relativiser la dépendance du Québec face aux États-Unis en la plaçant dans une perspective plus large[19]. On peut espérer que cette direction ne sera pas scindée pour occuper les cadres revenant des délégations fermées au printemps 1996. Sans compter que le ministère de l'Industrie et du Commerce a également des directions qui œuvrent dans le même domaine.

Il n'est pas évident que les nominations politiques faites au cours des dernières années aient toutes été judicieuses. Un cadre du ministère fait la distinction entre les nominations politiques utiles et d'autres qu'il juge « impertinentes ». Il y a parfois des avantages à ce que les délégués aient facilement accès au ministre ou au

---

19. À partir d'entrevues avec des cadres du ministère du MAI puis des Relations internationales en 1995 et 1996.

premier ministre[20]. Il n'est pas évident par contre qu'ils comprennent la nécessité de suivre les directives et les façons de faire. Les récompenses politiques ont le désavantage de démotiver ceux dans l'appareil gouvernemental qui attendent un poste à l'étranger. Surtout que dans un système d'enveloppes budgétaires fermées, ces gens nommés pour des raisons politiques doivent être payés en coupant d'autres postes ou d'autres activités. Depuis 1980, les deux partis qui se sont succédé au pouvoir ont perdu de vue une des réformes majeures de la Révolution tranquille, celle d'une fonction publique neutre où les promotions se font au mérite (French, 1993, p. 10). Les dernières élections ont par conséquent occasionné un renouveau de certains délégués nommés pour des raisons politiques. Bernard Landry, fraîchement nommé ministre en 1994, annonçait qu'« un diplomate du Québec à l'étranger qui n'est pas capable de présenter cet aspect de la réalité québécoise qu'est la souveraineté vers laquelle nous marchons, n'est pas qualifié pour l'emploi[21] ». Reed Scowen, un ancien politicien, fut remplacé à New York par Kevin Drummond, que le nouveau gouvernement jugeait plus capable de représenter adéquatement sa position constitutionnelle. Gérard Latulippe, un autre ancien politicien libéral, a préféré, pour conserver son poste à Bruxelles, annoncer lors d'une conférence de presse gênante pour tous sa nouvelle foi souverainiste. Claude Dauphin, un troisième ancien député libéral, fut remplacé à Boston par Pierre Nadeau, un journaliste sans aucune expérience dans la diplomatie ou la fonction publique. Il ne resta en poste que quelques mois et fut remplacée par Anne Legaré, une universitaire qui avait été présidente de la Commission des affaires internationales du Parti québécois et qui avait brièvement fait la navette New York–Washington. Finalement, l'ancien rédacteur de discours de John Ciaccia a perdu son poste de délégué du Québec à Mexico[22]. Un cadre

---

20. Marcel Masse, nommé à Paris au début de 1996 pour remplacer Claude Roquet, fut le premier employeur de Louise Beaudoin, serait un ami de longue date de Bernard Landry, etc. Voir Denis LESSARD (1995). « Marcel Masse nommé à Paris », *La Presse*, 11 novembre, page A-1.
21. Normand DÉLISLE (1994). « Landry veut des diplomates souverainistes », *La Presse*, 29 septembre, page B-7.
22. Michel VENNE (1994). « Un ange gardien pour Scowen », *Le Devoir*, Montréal, 12 novembre, page A-8. Normand DELISLE (1994). « Landry veut des diplomates souverainistes », *La Presse*, Montréal, 29 septembre. Maurice GIRARD (1994). « Gérard Latulippe se convertit », *Le Devoir*, Montréal, 11 octobre, page 2. Denis LESSARD (1994). « Nadeau ne sera pas le Rambo de la souveraineté », *La Presse*, Montréal, 27 octobre, page A-1. Denis LESSARD (1994). « Bernard promet un congé éphémère aux mandarins "tablettés" », *La Presse*, Montréal, 11 novembre, page B-1.

Tableau 6.3

Dépenses du gouvernement du Québec en international (en dollars)

Année	Délégations	MAIG/ MRI/MAI	MCE (DT)	Total International
60-61	66 003			
61-62	197 826			
62-63	287 609			
63-64	360 264			
64-65	429 990			
65-66	547 791			
66-67	816 608			
67-68	1 072 431	1 180 306		1 180 306
68-69	1 226 110	2 469 465		2 469 465
69-70	1 493 448	5 705 642		5 705 642
70-71	1 845 101	5 400 396		5 400 396
71-72	1 868 308	5 831 975		5 831 975
72-73	2 280 719	7 372 797		7 372 797
73-74	3 394 344	8 558 095		8 558 095
74-75	3 415 412	10 252 969		10 252 969
75-76	3 573 217	16 713 118		16 713 118
76-77	4 860 689	21 708 456		21 708 456
77-78	?	30 150 000		30 150 000
78-79	?	36 644 000		36 644 000
79-80	10 105 102	42 312 000		42 312 000
80-81	10 116 086	46 991 000		46 991 000
81-82	10 471 288	44 776 000	2 129 000	46 905 000
82-83	10 839 492	46 514 000	4 783 000	51 297 000
83-84	10 442 928	49 246 000	13 498 000	62 744 000
84-85	11 075 129	51 285 000	18 196 000	69 481 000
85-86	25 217 900	59 553 000	25 136 000	84 689 000
86-87	26 488 300	58 704 000	23 343 000	82 047 000
87-88	28 077 906	67 349 000	44 277 000	111 626 000
88-89	27 197 486	71 214 000	25 506 000	96 720 000
89-90	33 160 800	84 222 300		84 222 300
90-91	41 884 600	100 879 800		100 879 800
91-92	45 957 500	109 206 100		109 206 100
92-93	50 280 300	117 169 200		117 169 200
93-94	50 065 300	115 451 700		115 451 700
94-95	49 936 400	109 982 200		109 982 200

Source: BÉLANGER *et al.* (1993); Rapports annuels 1989-1995.

du ministère soulignait également que les sous-ministres en titre ne sont jamais venus de la filière internationale ni du MAI, mais des Finances, de l'Immigration ou de l'Éducation.

En étudiant les sommes consacrées aux délégations du Québec à l'étranger, il apparaît que la politique extérieure du Québec est relativement peu coûteuse. Le budget total consacré aux relations internationales ne représente qu'une fraction infime du produit intérieur brut québécois. Du début de la Révolution tranquille jusqu'au début des années 1980, les dépenses internationales ont progressé par rapport au PIB puis diminué quelque peu. Ce qu'il est intéressant de noter, c'est que le coût de la politique extérieure n'a pas progressé par rapport à l'ensemble des dépenses de fonctionnement du gouvernement.

Le coût des délégations du Québec à l'étranger représente environ un quart de l'enveloppe budgétaire consacrée aux affaires internationales depuis 1969-1970 (voir tableau 6.3)[23]. De 1969-1970 à 1985-1986, le coût des délégations a été multiplié environ par 17. Par comparaison, le coût total des opérations internationales a été multiplié environ par 15 et les dépenses de fonctionnement du gouvernement du Québec par 14.

6.4. L'exportation des services

On peut se demander s'il est nécessaire que le gouvernement du Québec intègre toutes les activités internationales. Le secteur des services d'ingénierie sert d'exemple. Le Québec est un exportateur de services, secteur en forte croissance. Le surplus commercial fut de 443 millions de dollars en 1985, provenant surtout des services de consultation en génie. Selon les données de Statistique Canada, ce résultat contraste avec les résultats des autres régions au Canada qui sont toutes déficitaires (Polèse et Verreault, 1989).

L'exportation de services est particulièrement intéressante parce qu'elle ne suppose pas forcément de transfert technologique. L'avantage commercial né de l'expertise n'est pas dilué. L'avantage comparatif des firmes basées au Québec tient aux secteurs d'activité qui ont été encouragés par l'État québécois depuis trente ans, l'hydro-électricité en particulier. Polèse et Verreault concluent qu'il

---

23. Données provenant du CQRI. Les données sont manquantes pour 1978 et 1979 à cause d'un problème d'archivage au gouvernement du Québec.

est forcément lié aux secteurs forts de l'économie québécoise, à une géographie ingrate qui a obligé la province à développer une expertise en génie et à créer de bonnes écoles de formation dans ce domaine.

Conclusion

Le gouvernement du Québec n'avait que des ressources limitées à consacrer à ses activités internationales. Cela explique en partie le caractère itératif de leur développement. La province ne pouvait développer en même temps ses relations avec la France et ses relations avec les États-Unis. Ce fut d'abord la France parce que Georges-Émile Lapalme et d'autres virent la nécessité d'assurer la survie du fait français sur ce continent. Après 1976, ce fut la nécessité économique mais aussi la volonté de présenter une image positive du Québec aux États-Unis qui poussa le gouvernement à intensifier ses activités internationales au sud de la frontière. C'est sur ce point que le Québec se distingue des autres États non souverains. Le Québec n'a pas que des échanges économiques avec les États américains limitrophes. Les ententes sur la question automobile signées avec les États américains ne le furent pas uniquement pour des considérations de sécurité routière ; par l'entremise de ces ententes, on entrait en contact avec ces États et l'on tissait des liens.

Certaines délégations auraient dû être fermées il y a quelques années comme le rapport Bergeron le suggérait. Certaines antennes avaient déjà été fermées dont celle de Stockholm[24]. Au fil des ans, certaines délégations sont demeurées sans délégué pendant des périodes de temps relativement longues. On pourrait faire l'hypothèse, à vérifier, que ces délégations n'étaient pas essentielles.

Il est possible que ces fermetures ne soient que temporaires. Après s'être rendu compte de son erreur, le gouvernement pourrait les rouvrir. En ce qui concerne le gouvernement fédéral, Allan Gotlieb (1991B, p. 7) s'est plaint du fait qu'« une lutte sans fin, qui mit aux prises les diplomates et le Trésor, finit par engendrer le phénomène typiquement canadien consistant à ouvrir des ambassades pour ensuite les fermer, puis à les ouvrir et à les fermer de nouveau [...] ». Les provinces canadiennes ont aussi ouvert, fermé et rouvert leurs délégations aux États-Unis (McNiven et Caan (1993,

---

24. Gilbert Leduc (1994). « Au moins 57 postes coupés aux Affaires internationales », *Le Soleil*, Québec, 22 juin, page A-5.

p. 170). Un des fonctionnaires interviewés en 1994 disait que l'Ontario a fait une grave erreur en se privant de son réseau de délégations. Le Québec vient de faire la même, et elle risque d'être plus coûteuse que pour l'Ontario, plus proche du gouvernement fédéral. Le gouvernement a d'ailleurs annoncé qu'il tenterait un partenariat avec la Banque nationale en logeant sous ses délégués commerciaux avec ceux de la banque à Boston, Los Angeles, Chicago et Atlanta[25].

Il est difficile, dans une société où l'on ferme des hôpitaux, de justifier l'existence de délégations autour du globe. Le ministère n'a pas su montrer leur rentabilité ni souligner leur faible coût dans l'ensemble des dépenses gouvernementales[26]. Certaines fermetures auront un impact particulier sur certaines industries. Par exemple, celles de Los Angeles, de Rome et de Düsseldorf ont été décriées dans le milieu culturel[27]. La fermeture des bureaux de tourisme pourrait aussi avoir un impact important alors que l'économie québécoise doit beaucoup à cette industrie[28].

Si c'est pour calmer les esprits à Ottawa que les délégations ont été sacrifiées, c'est aussi raté. Deux jours après que Sylvain Simard en eut évoqué la possibilité, Sheila Copps, dont ce n'est pas le dossier mais qui est vice-premier ministre, déclarait que les ambassades canadiennes n'abriteraient pas de séparatistes (Venne, 1996). Il est d'ailleurs paradoxal que le gouvernement qui rêve de faire du Québec un pays n'ait pas les moyens de ses ambitions. Comme le disait Jacques-Yvan Morin (1983, p. 8-9):

> [Il y a une] nécessité de nous doter, au Québec, d'une politique extérieure d'ensemble, qui prenne en compte l'ensemble de nos besoins, de nos intérêts et de nos aspirations. Tout État représentant une société distincte, fût-il souverain ou simplement autonome, doit se doter d'une telle politique embrassant à la fois les questions politiques, culturelles et sociales ainsi que les

25. Voir Marie-Claude MALBŒUF (1996). «Québec et la BN, partenaires aux É.-Us», dans *La Presse*, 26 juin, page D-3.
26. Tiré de deux entrevues réalisées au printemps 1996. Voir aussi BÉDARD (1996).
27. Voir Alain PARÉ (1996). «Des fermetures inquiétantes: la disparition de représentations à l'étranger nuira aux artistes québécois» et un texte collectif (1996). «Une situation absurde: la délégation disparaît un mois après la signature de l'Accord culturel entre l'Italie et le Québec», *Le Devoir*, 23 avril, page A-9.
28. Mario CLOUTIER (1996). «La manne dorée des grands festivals: 104 millions en retombées touristiques chaque été», *Le Devoir*, 19 avril, page A-3.

intérêts économiques et commerciaux. Il est tout simplement impossible, dans le concret, de dissocier ces questions les unes des autres. Le pouvoir politique exerce un rôle crucial dans l'économie et cela est vrai à l'intérieur de l'État comme à l'extérieur. J'irais même plus loin : les intérêts économiques et commerciaux se situent au cœur même de toute politique extérieure.

Pour apaiser Ottawa, une stratégie inverse aurait pu être utilisée : en continuant à lier relations internationales et commerce extérieur comme le faisaient les Libéraux, on limite la visibilité politique de celles-ci.

En conclusion, les rendez-vous manqués avec l'histoire ont été nombreux. On peut se demander en cette fin de siècle si le gouvernement du Québec a encore les moyens de ses prétentions internationales. On assiste présentement à une banalisation des relations internationales du Québec. Le sous-ministre a pris des vacances pendant la préparation du budget, ce qui n'est pas sans rappeler l'amateurisme d'une autre époque lors de la création du ministère, quand Lesage avait suggéré qu'un sous-ministre était payé assez cher pour se débrouiller seul (Morin, 1994, p. 130). Soit, mais en 1996 ?

Enfin, pour cause de compressions budgétaires, il n'y eut guère de nouveaux employés au ministère depuis presque vingt ans. Les vagues de retraite qui débutent auront un effet dévastateur sur la mémoire organisationnelle et le suivi des politiques, et le ministère ne pourra pas compter sur l'énergie de recrues qu'il n'a pas. L'organisation, qui, pour certains fonctionnaires, était la partie institutionnalisée de cette politique, fut le plus souvent négligée par les gouvernements québécois successifs. Il est difficile de trouver un exemple plus convaincant d'une anarchie organisée ayant de la difficulté à développer son noyau technologique.

La politique internationale du Québec après le référendum 7

Dans ce livre, nous cherchons à expliquer les facteurs qui ont conditionné et continuent d'influencer la politique internationale du Québec. Nous voulions donner une image plus réaliste de la politique internationale du Québec que celle offerte par les spécialistes des relations internationales qui y voient une politique institutionnalisée. Comme nous l'avons vu, elle existe depuis la Révolution tranquille mais son évolution fut mouvementée. Cette politique se présente comme un mariage unique entre la raison d'État et la raison d'argent (Feldman et Feldman, 1988, p. 69). Mariage unique parce que la raison fut fortement teintée de réactions et d'improvisations, avec pour résultat un mouvement itératif d'un point au suivant. On a surtout manqué de rigueur et de vision stratégique, disait un fonctionnaire que nous avons interviewé. La planification était trop souvent celle des cadres de chacune des directions du ministère, disaient d'autres. Un ancien sous-ministre ajoutait que les objectifs peuvent être clairs dans les textes mais que leur traduction dans la réalité pose problème. C'est ce qu'on peut reprocher aux récentes coupures faites par le gouvernement dans son réseau de délégations. Pour les diplomates étrangers, le Québec doit faire un effort continu afin de maintenir ses relations, mais il vient d'envoyer le message contraire (Venne, 1992).

Révolution tranquille ou pas, des pans entiers de cette politique extérieure auraient dû de toute façon être mis en place. Les transformations sociales nécessitaient des réponses gouvernementales, comme la modernisation du monde de l'éducation. Celle-ci rendait nécessaire la venue de professeurs français ou belges pour offrir, entre autres, de la formation technique en français. Des accords commerciaux comme ceux du GATT auraient forcé le Québec à s'intéresser aux questions internationales. La Révolution tranquille a néanmoins donné à la politique internationale du Québec une teinte particulière : un élan nationaliste et étatique qui l'a différenciée de celle des autres États non nationaux, et a aussi permis un démarrage accéléré après des années de retard.

Une autre originalité de cette politique, c'est l'impact qu'eut sur elle un personnage hors du commun, Charles de Gaulle. Le vieux général approchant de la fin de sa longue contribution à l'histoire devait aussi marquer celle du Québec. La politique internationale ne peut guère se développer sans un vis-à-vis, ce fut d'abord lui, aidé de son ministre André Malraux. Le caractère distinct de la participation du Québec à la fédération canadienne a aussi un impact durable sur ses relations internationales. Leur développement s'est fait alors que les relations entre Ottawa et Québec se tendaient et le ministère responsable fut d'abord une direction du ministère des Affaires intergouvernementales. Encore en 1986, le ministre responsable, Gil Rémillard, avait la charge du MAI et des relations fédérales-provinciales. Étant donné son expertise dans le second domaine et l'importance du contentieux constitutionnel, on peut difficilement penser que les relations internationales reçurent toute l'attention nécessaire. Le premier ministre en charge des Affaires internationales fut le successeur de Rémillard, Paul Gobeil, en 1988. En 1994, son successeur John Ciaccia était délesté du dossier de la Francophonie mais devait s'occuper de ceux de l'Immigration et des Communautés culturelles.

L'ancien premier ministre canadien, Mackenzie King, disait que le Canada n'avait pas assez d'histoire mais trop de géographie. Au contraire, la politique internationale du Québec a trop d'histoire et pas assez de géographie. On a tendance à oublier la proximité du voisin américain. On a de plus négligé l'organisation qui doit mettre en œuvre cette politique en lui accordant peu de ressources et en changeant fréquemment sa vocation.

Ce que nous voulions expliquer, c'est qu'il faut se garder, dans le cas de cette politique internationale comme dans d'autres, de présumer que ces politiques sont développées selon un mode rationnel, rationalité qui est prêtée par l'analyste à une politique mais qui, comme Gérin-Lajoie ou Claude Morin disaient en entrevue, n'existe guère. On ne peut que conclure que cette rationalisation est a posteriori lorsqu'on lit ce que Soldatos (1990, p. 77) dit des grands traits de la paradiplomatie québécoise, qui seraient, selon lui, « un déterminisme économique, sous-tendu par les impératifs de l'inter-dépendance internationale, une paradiplomatie déployée sous le signe du fédéralisme coopératif, une volonté de concilier, voire de maximiser, en corrélation, la politique du continentalisme libre-échangiste avec l'orientation de diversification des relations exté-rieures, économiques et socioculturelles ». Or cette politique interna-tionale est tout sauf ce que Soldatos décrit, qui est plutôt ce qu'elle devrait être dans un monde idéal où les ministères ne changent pas de nom et de mission au gré des changements de ministre, où le fédéralisme est coopératif, ce qu'il n'est pas toujours, et où l'on peut théoriquement jongler avec les autres notions dans un énoncé d'objectifs opérationnalisable. La lecture de Morin (1987, p. 186 et 239) incite aussi à une certaine modestie sur les conclusions qu'il faut tirer de la politique étrangère du Québec. Décider ponctuelle-ment pour régler un à un les problèmes qui surgissaient fut plus la norme que l'exception. Trouver une politique logique et globale der-rière cette accumulation de décisions tient plus de la rationalisation après le fait que d'autre chose. De plus, la volonté d'affirmation ne fut pas stable.

Faut-il chercher une cohérence dans les interventions gouver-nementales ? Dans un autre domaine, Parenteau (1980) a écrit que les sociétés d'État ont été créées au Québec pour devenir les instru-ments de politiques formulées dix ans plus tard. On peut dire la même chose de la politique extérieure québécoise. Les occasions d'innovations politiques ne se présentent que pendant de courts laps de temps (Kingdon, 1995). Certaines de ces occasions furent man-quées. L'avenir est conditionné par les politiques passées. L'impact négatif du discours de René Lévesque à New York en 1977 ne fut annulé que quelques années après. De même, parce que les sympa-thies québécoises vont traditionnellement au Parti démocrate amé-ricain, le gouvernement Lévesque ne sut pas profiter de la sympathie ultra-conservatrice du début de l'ère Reagan alors en froid relatif avec le gouvernement Trudeau (Lisée, 1990).

Nous avons aussi parlé de la difficulté de mettre en œuvre une politique dont les objectifs ne sont pas clairs quand l'organisation res-ponsable tarde à acquérir la légitimité nécessaire pour effectuer son mandat et la tâche entreprise est immense alors que la volonté poli-tique est fluctuante. Le Québec a été pris entre l'internationalisation de ses politiques domestiques et la difficulté d'adapter celles-ci à la réalité mondiale. Pour reprendre le vocabulaire de Mazmanian et Sabatier (1989), la politique internationale du Québec n'est pas fondée sur des objectifs clairs, la théorie causale entre les activités faites et les objectifs poursuivis n'est pas évidente, l'allocation de ressources nécessaires a toujours été limitée, l'intégration hiérarchique des organisations en cause a généralement été faible et le personnel qualifié disponible était rare. Par ailleurs, il n'y a guère de groupes d'intérêt qui supportent le ministère. Enfin, les médias n'ont généralement pas été portés à en décrire les succès mais plus prompts à en couvrir les échecs.

Cette politique fut aussi trop éparpillée. Ce qui est fait en Asie ou en Amérique latine a certes de l'importance mais demeurera mineur par comparaison avec les relations du Québec avec la France et les États-Unis. Les États-Unis, scène majeure où réussir cette mise en œuvre, demeurent à la fois lointains dans les préoccupations des responsables et le seul marché crucial pour le Québec qui en a besoin pour ses exportations et le financement de ses opérations gouvernementales. Il n'est pas certain que les réussites récentes en exportation ne soient pas principalement causées par la faiblesse du dollar canadien. Il faudra développer d'autres avantages pour conserver ce marché à plus long terme.

Cette politique n'est certes pas fondée sur un « paradigme géopolitique » (Painchaud, 1980). Malgré tout, il y a maintenant une politique formulée, une organisation capable de la mettre en œuvre et des résultats intéressants. La formulation est venue après des années de mise en œuvre, influencée par cette mise en œuvre, comme une rationalisation a posteriori. Cette politique illustre à quel point les gouvernements peuvent fonctionner comme des anarchies organisées. En entrevue, un cadre du ministère des Affaires internationales disait que dans sa division géographique, il n'y a pas encore de politique claire à mettre en œuvre. L'anarchie organisationnelle du début a-t-elle survécu et les objectifs flous avec elle ? Chercher une cohérence à ce qui est entrepris revient à chercher la cohérence que veulent bien lui donner les fonctionnaires en poste, d'où l'intérêt de les interviewer. Cette anarchie du début prouve en outre qu'une politique peut débuter sur des bases fragiles mais prospérer itérativement.

Mais cette politique n'en demeure pas moins fragile. Les récentes coupures budgétaires et le traitement cavalier du MAI en témoignent, comme d'ailleurs du caractère itératif du processus. On ne peut guère parler d'acquis ni de construction. Tout est commencé mais tout reste à faire et à refaire. À moins que le statut constitutionnel du Québec ne change soudainement, les gouvernements étrangers ne risquent guère de conférer aux délégations québécoises un statut diplomatique. Ceux qui avaient à le faire l'ont fait, les autres ne le feront pas.

Nous avons jusqu'ici parlé de formulation, de mise en œuvre, d'organisation et d'influences croisées. Il nous reste à noter la chance qui présida à l'ensemble ou les « circonstances favorables », pour reprendre l'expression de Morin (1987). Trois exemples en font foi. Premièrement, la lettre qui lança la coopération France–Québec dans le domaine de l'éducation fut envoyée par la France à Ottawa qui la communiqua à Québec à cette époque lointaine de coopération entre les deux gouvernements. Elle avait d'abord été destinée par erreur à l'inexistant ministère canadien de l'Éducation nationale. Deuxièmement, lors de la conférence de Kinshasa, il y a fort à parier que si le tout se déroula fort bien, c'est parce que le premier ministre du Nouveau-Brunswick, qui dirigeait la délégation canadienne, ne voulait pas manquer son safari la semaine suivante, safari qui aurait pu être annulé pour cause de turbulences politiques. Troisièmement, tout porte à penser que la participation du Québec au Sommet francophone de 1985 fut surtout une conséquence de la retraite de Pierre Elliott Trudeau et de son remplacement à Ottawa par un premier ministre conservateur plus conciliant. Morin écrit que plusieurs décisions importantes furent prises ad hoc et que la planification fit souvent cruellement défaut. Il ajoute qu'après chaque participation à une conférence de la Francophonie, il fallut souvent repartir de zéro ou presque. Gérin-Lajoie souligne aussi la nécessité d'agir, avec ou sans planification.

Les ouvrages empiriques sur la politique extérieure du Québec concluent à un manque de rigueur[1] mais parlent d'institutionnalisation. La recherche de cohérence ou de rationalité dans la politique extérieure du Québec semble empêcher la recherche du progrès. On cherche à trouver une clarté inexistante dans les énoncés de politique. Il n'y a pas eu de logique très forte. La doctrine Gérin-Lajoie devint la base de la politique extérieure du Québec parce que Jean Lesage approuva impulsivement à sa descente d'avion ce que son ministre avait dit la veille. En entrevue en 1994, Paul Gérin-Lajoie disait avoir suivi son instinct.

---

1. Nous utilisons ici la revue de la littérature faite par BÉLANGER *et al.* (1993).

Les politiques publiques peuvent certes être perçues comme le résultat d'un processus rationnel de prise de décision, mais elles peuvent aussi être comprises comme le résultat d'un processus anarchique (Kingdon, 1995 ; Durant et Diehl, 1989). Il serait faux de prétendre que les ministres et les hauts fonctionnaires ayant la responsabilité de cette politique depuis trente-cinq ans n'avaient pas de plan. Là n'était pas notre intention dans le présent ouvrage. Ce que nous voulions démontrer, c'est que ces plans n'ont pas été primordiaux. Une politique peut avoir été peu planifiée, avoir bénéficié de peu de ressources dans sa mise en œuvre mais être tout de même un succès. La politique peut aussi être réactive. Pour Calder (1988, p. 519), un État réactif, que ce soit la Norvège, l'Autriche ou le Japon, réagit aux événements et sa réponse n'est pas toujours adéquate ni complète. Le gouvernement du Québec est favorable à *l'Accord de libre-échange* avec les États-Unis (ministère du Commerce extérieur, 1988). Cet accord est un exemple du lien entre politique interne et politique extérieure, mais l'adaptation pour faire face à l'augmentation de la concurrence exige des programmes de formation de main-d'œuvre, d'aide au développement technologique, etc. Où en est le gouvernement du Québec dans la mise en place de ces programmes ? Le Québec est-il compétitif dans la nouvelle économie mondiale ? Certains indices poussent à répondre oui, comme la survie de l'usine de GM à Boisbriand. Les travailleurs québécois sont différents mais productifs[2].

Paul Gérin-Lajoie (1989, p. 331) a écrit : « L'enthousiasme enivrant des années de « grandes manœuvres » s'est sans doute estompé. Mais après cette spectaculaire mise en orbite, les relations internationales du Québec ont adopté un rythme de croisière qui assure leur continuité. » Est-ce vraiment le cas ? Il est possible que, de toutes les initiatives lancées à l'époque de la Révolution tranquille, ce soit le secteur le moins assimilé. Comment expliquer que les premiers ministres Bourassa et Lévesque aient oublié lors de voyages à l'étranger de solliciter les services des délégations à l'étranger[3] ? Lorsqu'ils étaient dans l'Opposition, les ténors du Parti québécois dénonçaient la dépolitisation des relations internationales

---

2. Voir l'entrevue donnée par Bob Moran, alors directeur général de l'usine GM au *Devoir* (1er février 1993, page B-1) où il explique, par exemple, que les travailleurs québécois travaillent pour partir en vacances alors que leurs confrères américains se font payer leurs vacances et continuent à travailler.

3. Paul-André COMEAU (1985). « Les relations internationales du Québec : L'heure est aux entreprises intelligentes et concertées », *Le Devoir*, Montréal, 5 novembre, page 4.

du Québec, et maintenant qu'ils sont au pouvoir ils viennent de contribuer à leur banalisation. Le ministère de l'Industrie et du Commerce vient de récupérer le contrôle sur les conseillers économiques qu'il avait perdu. Le réseau des délégations vient d'être réduit au minimum.

Certains bouleversements sont imprévisibles, le changement en Europe de l'Est en témoigne. Pourtant, cette fois, le gouvernement québécois était prêt à réagir. Une maison commerciale a été ouverte à Prague dès le printemps 1990[4]. Qu'est-ce qui explique cette soudaine capacité innovatrice et cette rapidité de réaction sinon un apprentissage de la pratique internationale ? Krasner (1978) a écrit que l'analyse de la politique étrangère dans la perspective employée ici comporte deux problèmes principaux : définir les objectifs des décideurs et analyser leur habilité à les atteindre. Cette habilité semble exister. Ce qui fait défaut plus souvent, c'est la volonté politique.

Les études sur la politique extérieure du Québec ont beaucoup porté sur la place du Québec sur la scène internationale. Ce qui est étonnant, c'est qu'on se soit moins demandé quels sont les intérêts du Québec. Une fois les intérêts définis, il serait en effet plus simple de déterminer ce que devrait être la place du Québec. Trente ans d'efforts en France n'ont pas fait beaucoup progresser la reconnaissance diplomatique du Québec ailleurs. Faut-il continuer ? Les ressources consacrées aux États-Unis, premier marché extérieur québécois, sont demeurées limitées. N'y aurait-il pas lieu d'intensifier les efforts de ce côté ?

Tout porte à croire que le Québec n'est pas le seul à éprouver des difficultés dans ses relations internationales. Les exemples d'incohérence sont nombreux dans ce domaine et même dans les pays qui ont des services diplomatiques établis depuis des siècles. Les difficultés de formulation, de mise en œuvre et d'organisation sont courantes dans les gouvernements. Comme dans d'autres domaines d'intervention, le gouvernement du Québec est parti de presque rien, il y a trois décennies, et ses politiques en portent encore les marques. Des efforts considérables ont été faits pour remédier à l'anarchie du début. Il faut toutefois s'interroger sur les séquelles que laissent de telles origines. Est-ce qu'après trente ans de travail sans énoncé de politique, les fonctionnaires travaillent en fonction de ce qui fut

---

4. Claude PICHER (1990). «Maison commerciale du Québec à Prague», *La Presse*, Montréal, 5 mai, page F-3.

finalement écrit ou à partir d'une culture organisationnelle développée au fil des ans ? Cette culture devra être étudiée plus à fond
(Bernier, 1989, ch. 3). Il faudrait faire une recherche plus poussée
sur la culture organisationnelle du ou des ministères responsables
de cette politique. Certains fonctionnaires que nous avons rencontrés
ont parlé d'une culture en fusion au début des années 1990 mais
d'autres de cultures multiples. Il faudrait aussi étendre la recherche
aux ministères qui ont des relations avec le MAI redevenu MRI.

Les considérations politiques qui grevaient les relations internationales du Québec sont moins grandes dans l'après-guerre froide.
Le Québec n'a pas de valeur stratégique pour un camp ou pour
l'autre. Certaines études portent à croire que les États-Unis pourraient négocier un meilleur traité de libre-échange avec un Québec
souverain, alors que d'autres estiment que les Américains ne s'intéressent pas au Québec tout simplement parce qu'il est très secon-
daire sur l'échiquier mondial[5]. Dans un tel contexte, le Québec peut
développer ses activités internationales dans tous les domaines établis depuis trente ans.

Le résultat négatif mais extrêmement serré du référendum
constitutionnel de 1995 laisse les relations internationales du
Québec en suspens. Il est plausible qu'un autre référendum devra
être tenu dans un avenir relativement rapproché. Il est tout aussi
plausible que les relations internationales du Québec seront d'ici là
liées à la problématique constitutionnelle. Les délégations furent-
elles fermées cette année pour sauver sept misérables millions ou
pour diminuer la tension sur le front des relations fédérales-
provinciales ? À Paris, les gaullistes sont au pouvoir mais ont
d'autres problèmes internationaux à régler. Ils ont décidé d'attendre
de voir ce que le Québec déciderait. Paradoxalement, la question
dépend de quelqu'un qui fut l'ambassadeur du Canada à Paris il n'y
a pas si longtemps avant de faire le parcours politique qui le mena
au poste de premier ministre du Québec.

Si, dans le domaine international, le gouvernement fédéral fut
longtemps un empêcheur de danser en rond, on ne doit pas pour
autant lui attribuer tous les problèmes de la politique internationale
du Québec. Ce n'est pas à Ottawa qu'on décida de fermer les délégations du Québec, sauf six. La fermeture, au printemps 1996, de

---

5. Charles E. ROH Jr. (1995). « The Implications for U.S. Trade Policy of an
Independent Quebec », Decision Quebec Series, Center for Strategic and
International Studies, Washington, D.C., 5 octobre. George JAEGER (1990).
« Dans l'œil de l'aigle », *Le Soleil*, Québec, 13 juin, page A-15.

nombreuses délégations, qui sont pourtant le signe le plus visible du caractère distinct du Québec selon un haut fonctionnaire du Conseil privé canadien, est plus liée à la dynamique des finances publiques qu'à la question constitutionnelle. Elle représente le premier recul important dans ce domaine de politique depuis le début de la Révolution tranquille. On peut se demander comment ces fermetures seront perçues par les interlocuteurs du Québec à l'étranger. On peut penser que la crédibilité acquise par le résultat référendaire extrêmement serré d'octobre s'évanouira à la suite de ces fermetures. Un ancien délégué du Québec soulignait que la fermeture de la délégation de Düsseldorf pourrait être interprétée « comme un message de démission et d'incompréhension du gouvernement du Québec face à la réalité européenne et mondiale » (Bédard, 1996). Il est vrai que face à l'électorat québécois, il doit être difficile de fermer des hôpitaux et de maintenir des délégations autour du globe. Le démantèlement du MAI en tant qu'organisme central est aussi un recul dans la capacité de l'État québécois de mettre en œuvre sa politique internationale. Les économies prévues sont pourtant peu importantes, comme d'ailleurs le budget d'ensemble des délégations. Certaines fermetures sont de plus irréversibles dans le contexte fédéral-provincial actuel puisque ces délégations ne pourront être rouvertes sans l'accord d'Ottawa[6]. Une décision qui conditionne l'avenir, une occasion manquée ou un retour en arrière de plus dans le processus que nous avons décrit. Mais cette politique devra persister parce que les problèmes à résoudre, eux, continueront d'exister, on continuera à rechercher des solutions plus adaptées à ces problèmes et la vie politique continuera à lier ou non ces solutions aux problèmes de l'heure. De plus, la confusion des rôles actuelle entre les ministres responsables, la complexité des problèmes à résoudre et les fluctuations de la vie politique rendent nécessaire de recommencer. Pour cette politique comme pour d'autres, le processus compte autant que le contenu lui aussi à redéfinir.

---

6. Denis LESSARD (1996). « Geste irréversible », *La Presse*, Montréal, 3 mai.

Bibliographie

ALLISON, Graham T. (1971). *The Essence of Decision*, Boston, Little, Brown.

AMBROISE, Antoine (1987). « La modernisation politique et administrative du Québec (1960-1985) », *Revue internationale des sciences administratives*, v. 53, pages 175-202.

ATKINSON, M.M. et W.D. COLEMAN (1989). *The State, Business and Industrial Change in Canada*, Toronto, University of Toronto Press.

AVERYT, William F. (1993). « Canada-U.S. Electricity Trade and Extraterritorial Environmental Review », Biennal Conference of the Association for Canadian Studies in the United States, Nouvelle-Orléans, 19 novembre.

BALTHAZAR, Louis, Louis BÉLANGER et Gordon MACE (dir.) (1993). *Trente ans de politique extérieure du Québec*, Québec, CQRI/Septentrion.

BEAUDOIN, Louise (1977). « Origines et développement du rôle international du gouvernement du Québec », dans PAINCHAUD, Paul (dir.), *Le Canada et le Québec sur la scène internationale*, Sainte-Foy, Presses de l'Université du Québec, pages 441-470.

BÉDARD, Denis (1996). « Auf Wiedersehen Düsseldorf! », *La Presse*, 30 avril, page B-3.

BÉLANGER, Louis (1993). « Les espaces internationaux de l'État québécois », communication présentée au colloque annuel de l'Association canadienne de science politique, Ottawa, Université Carleton, 6 juin.

BÉLANGER, Louis, Guy GOSSELIN et Gérard HERVOUET (1993). « Les relations internationales du Québec : Efforts de définition d'un nouvel objet d'étude », *Revue québécoise de science politique*, n° 23, pages 143-170.

BÉLANGER, Yves et Laurent LEPAGE (dir.) (1989). *L'Administration publique québécoise : évolutions sectorielles 1960-1985*, Sainte-Foy, Presses de l'Université du Québec.

BENDOR, Jonathan et Thomas H. HAMMOND (1992). « Rethinking Allison's Models », *American Political Science Review*, v. 86, pages 301-322.

BERGERON, Marcel (1988). *Évaluation du réseau de représentation du Québec à l'étranger*, Gouvernement du Québec, ministère des Affaires internationales.

BERGERON, Marcel (1989). *Évaluation du réseau de représentation du Québec à l'étranger : la représentation du Québec en Amérique latine et aux Antilles*, rapport synthèse présenté au ministre des Affaires internationales.

BERNIER, Ivan (1973). *International Legal Aspects of Federalism*, New York, Longman.

BERNIER, Ivan et André BINETTE (1988). *Les provinces canadiennes et le commerce international*, Québec, CQRI.

BERNIER, Ivan, Benoit LAPOINTE et Manon TESSIER (1991). *La mondialisation des marchés*, Sainte-Foy, Conseil de la science et de la technologie.

BERNIER, Luc (1988). « The Foreign Economic Policy of a Subnational State : The Case of Québec », dans DUCHACEK, Ivo *et al. Perforated Sovereignties and International Relations*, New York, Greenwood Press, pages 125-139.

BERNIER, Luc (1989). « Soldiers of Fortune : State-Owned Enterprises as Instruments of Economic Policy », Ph.D. dissertation, Northwestern University.

BERNIER, Luc (1995). « Adjusting to NAFTA : State Enterprises and Privatization in Quebec in Light of the Mexican and American Experiences », dans LACHAPELLE, Guy (dir.). *Quebec Under Free Trade : Making Public Policy in North America*, Sainte-Foy, Presses de l'Université du Québec, pages 191-209.

BISSONNETTE, Lise (1981). « Québec-Ottawa-Washington : The Pre-referendum Triangle », *American Review of Canadian Studies*, v. 11, pages 64-76.

BLACK, David R. et Heather A. SMITH (1993). « Notable Exceptions ? New and Arrested Directions in Canadian Foreign Policy Literature », *Revue canadienne de science politique*, v. 26, pages 745-774.

BONIN, Bernard (1982A). « USA-Québec Economic Relations : A Background Paper », Cahier de recherche 82-01, Montréal, HEC-Cetai.

BONIN, Bernard (1982B). « Economic Factors in Quebec's Foreign Policy », Cahier de recherche 82-06, Montréal, HEC-Cetai.

BROWN, Douglas M. (1993). « The Evolving Role of the Provinces in Canada-U.S. Trade Relations », dans BROWN, Douglas M. et Earl H. FRY (dir.). *States and Provinces in the International Economy*, Berkeley, Institute of Governmental Studies, University of California Press, pages 93-144.

BROWN, Douglas M. et Earl H. FRY (1993). *States and Provinces in the International Economy*, Berkeley, Institute of Governmental Studies, University of California Press.

BROWN, Douglas M. et Murray G. SMITH (dir.) (1991). *Canadian Federalism : Meeting Global Economic Challenges*, Kingston, Ont., Institute of Intergovernmental Relations / Queen's University.

CABLE, James (1994). « Foreign Policy-making : Planning or Reflex ? », dans HILL, Christopher et Pamela BESHOFF (dir.). *Two Worlds of International Relations : Academics, Practitioners and the Trade of Ideas*, Londres, Routledge, pages 93-117.

CALDER, Kent E. (1988). « Japanese Foreign Economic Formation : Explaining the Reactive State », *World Politics*, v. 40, pages 517-541.

CALISTA, Donald J. (1994). « Policy Implementation », dans NAGEL, Stuart S. (dir.). *Encyclopedia of Policy Studies*, second edition, revised and expanded, New York, Marcel Dekker, pages 117-155.

CAMPBELL, David (1996). « Political Prosaics, Transversal Politics, and the Anarchical World », dans SHAPIRO, Michael J. et Hayward R. ALKER (dir.). *Challenging Boundaries*, Minneapolis, University of Minnesota Press, pages 7-31.

CAPORASO, James (1978). « Dependence, Dependency and Power in the Global System : A Structural and Behavioral Analysis », *International Organization*, v. 32, pages 13-43.

CARTIER, Georges et Lucie ROUILLARD (1984). « Les relations culturelles internationales du Québec », Sainte-Foy, ENAP.

CLARKSON, Stephen (1985). *Canada and the Reagan Challenge*, édition mise à jour, Toronto, James Lorimer and Company.

COHEN, Michael D., James G. MARCH et Johan P. OLSEN (1972). « A Garbage Can Model of Organizational Choice », *Administrative Science Quarterly*, v. 17, pages 1-25.

COLGAN, Charles S. (1991). « Internationalization and the Governor's Role : New England Governors and Eastern Canadian Energy, 1973-1989 », *State and Local Government Review*, v. 23, pages 119-126.

COMEAU, Paul-André (1985). « Les relations internationales du Québec : L'heure est aux entreprises intelligentes et concertées », *Le Devoir*, Montréal, novembre, page 4.

CORWIN, Ronald G. (1983). *The Entrepreneurial Bureaucracy : Biographies of Two Federal Programs in Education*, Greenwich, Ct., JAI Press.

CRAVEN, Greg (1993). « Federal Constitutions and External Relations », dans HOCKING, Brian. *Foreign Relations and Federal States*, London, Leicester University Press, pages 9-26.

DEHOUSSE, Renaud (1989). « Fédéralisme, asymétrie et interdépendance : Aux origines de l'action internationale des composantes de l'État fédéral », *Études internationales*, v. 20, pages 283-309.

DEHOUSSE, Renaud (1991). *Fédéralisme et relations internationales : une réflexion comparative*, Bruxelles, Bruylant.

DELACROIX, Jacques et Charles C. RAGIN (1981). « Structural Blockage : A Cross-national Study of Economic Dependency, State Efficacy and Underdevelopment », *American Journal of Sociology*, v. 86, pages 1311-1347.

DESCÔTEAUX, Bernard (1989). « Les affaires internationales sont avant tout économiques avec Ciaccia », *Le Devoir*, 28 décembre, page 13.

DONNEUR, André P. *et al.* (1983). « L'évaluation des politiques en relations internationales : le cas de la coopération franco-québécoise en éducation », *Études internationales*, v. 14, pages 237-254.

DUCHACEK, Ivo D. (1986). *The Territorial Dimension of Politics Within, Among and Across Nations*, Boulder, Westview.

DUCHACEK, Ivo D. « Multicommunal and Bicommunal Polities and Their International Relations », dans DUCHACEK, Ivo D., Daniel LATOUCHE et Garth STEVENSON (dir.) (1988). *Perforated Sovereignties and International Relations*, New York, Greenwood, pages 3-28.

DUCHACEK, Ivo D., Daniel LATOUCHE et Garth STEVENSON (dir.) (1988). *Perforated Sovereignties and International Relations*, New York, Greenwood.

DURANT, Robert F. et Paul F. DHIEL (1989). « Agendas, Alternatives and Public Policy : Lessons from the U.S. Foreign Policy Arena », *Journal of Public Policy*, v. 9, pages 179-205.

EVANS, Peter B., Dietrich RUESCHEMEYER et Theda SKOCPOL (1985). *Bringing the State Back In*, Cambridge, Cambridge University Press.

FARRELL, R. Barry (1969). *The Making of Canadian Foreign Policy*, Toronto, Prentice-Hall.

FRASER, Graham (1984). *PQ : René Lévesque and the Parti Québécois in Power*, Toronto, Macmillan.

FELDMAN, Elliott J. et Lily GARDNER FELDMAN (1988). « Quebec's Internationalization of North American Federalism », dans DUCHACEK, Ivo D., Daniel LATOUCHE et Garth STEVENSON (dir.) (1988). *Perforated Sovereignties and International Relations*, New York, Greenwood, pages 69-80.

FRENCH, Richard D. (1993). « Being There : Form and Substance in Quebec's International Relations », Association of Canadian Studies in the United States, novembre, Nouvelle-Orléans, miméo.

GAY, Daniel (1985). « La présence du Québec en Amérique latine », *Politique*, n° 7, pages 33-52.

GEORGE, Jim (1996). « Understanding International Relations after the Cold War : Probing Beyond the Realist Legacy », dans SHAPIRO, Michael J. et Hayward R. ALKER (dir.) *Challenging Boundaries*, Minneapolis, University of Minnesota Press, pages 33-79.

GÉRIN-LAJOIE, Paul (1989). *Combats d'un révolutionnaire tranquille*, Montréal, Centre éducatif et culturel.

GERVAIS, Myriam (1985). « La politique africaine du Québec de 1960 à 1984 », *Politique*, n° 7, pages 53-66.

GOBEIL, Paul (1988). « Intervention à l'Assemblée nationale à l'occasion du débat en deuxième lecture sur le projet de loi 42 », 26 octobre, texte photocopié, ministère des Affaires internationales.

GOGGIN, Malcolm L. *et al.* (1990). *Implementation Theory and Practice : Toward a Third Generation*, Glenview, Illinois, Scott, Foresman/Little, Brown.

GOTLIEB, Allan (1991A). *I'll be with you in a minute, Mr. Ambassador : The Education of a Canadian Diplomat in Washington*, Toronto, University of Toronto Press.

GOTLIEB, Allan (1991B). « Les États-Unis et la politique étrangère du Canada », conférence commémorative O.D. Skelton, Toronto, 10 décembre.

GOUREVITCH, Peter (1986). *Politics in Hard Times*, Ithaca, N.Y., Cornell University Press.

GOUVERNEMENT DU CANADA (1991). *Chevauchements et dédoublement des programmes fédéraux et provinciaux : point de vue de l'administration fédérale*, Ottawa, Conseil du Trésor, 12 décembre.

GOUVERNEMENT DU CANADA (1995). *Le Canada dans le monde, énoncé du gouvernement*, Ottawa, Groupe Communications Canada – Édition, Travaux publics et Services gouvernementaux.

GOUVERNEMENT DU CANADA (1969). *Rapport de la commission royale d'enquête sur le bilinguisme et le biculturalisme*, Ottawa, volume 3a.

GOUVERNEMENT DU QUÉBEC (1984A). *Le Québec dans le monde : le défi de l'interdépendance*, Québec, ministère des Relations internationales, Éditeur officiel.

GOUVERNEMENT DU QUÉBEC (1984B). *Recueil des ententes internationales du Québec 1964-1983*, Québec, ministère des Communications.

GOUVERNEMENT DU QUÉBEC (1986). *Répertoire des intervenants internationaux du Québec*, Québec, ministère des Relations internationales.

GOUVERNEMENT DU QUÉBEC (1987). *L'Accord de libre-échange entre le Canada et les États-Unis : Analyse dans une perspective québécoise*, Québec, ministère du Commerce extérieur et du développement technologique.

GOUVERNEMENT DU QUÉBEC (1988). *Loi sur le ministère des Affaires internationales*, Québec, Assemblée nationale, projet de loi 42.

GOUVERNEMENT DU QUÉBEC (1990A). *Les négociations commerciales multilatérales de l'Uruguay Round*, perspective québécoise, Québec, ministère des Affaires internationales.

GOUVERNEMENT DU QUÉBEC (1990B). *Recueil des ententes internationales du Québec 1984-1989*, Québec, ministère des Communications.

GOUVERNEMENT DU QUÉBEC (1991). *Le Québec et l'interdépendance : le monde pour horizon*, Québec, ministère des Affaires internationales.

GOUVERNEMENT DU QUÉBEC (1992). *La libéralisation des échanges commerciaux entre le Canada, les États-Unis et le Mexique : les enjeux dans une perspective québécoise*, Québec, ministère des Affaires internationales.

GOUVERNEMENT DU QUÉBEC (1993A). *Le Québec et l'accord de libre-échange nord-américain*, Québec, ministère des Affaires internationales.

GOUVERNEMENT DU QUÉBEC (1993B). *Recueil des ententes internationales du Québec 1990-1992*, Québec, ministère des Communications.

GOUVERNEMENT DU QUÉBEC (1996). *Crédits pour l'année financière se terminant le 31 mars 1997*, Conseil du Trésor, 2 tomes.

GOW, James Iain (1986). *Histoire de l'administration publique québécoise, 1867-1970*, Montréal, Presses de l'Université de Montréal.

GRANATSTEIN, J.L. et Robert BOTHWELL (1990). *Pirouette : Pierre Trudeau and Canadian Foreign Policy*, Toronto, University of Toronto Press.

GUINDON, Hubert (1978). « The Modernization of Quebec and the Legitimacy of the Canadian State », dans GLENDAY, Daniel, Hubert GUINDON et Allan TOROWETZ (dir.). *Modernization and the Canadian State*, Toronto, Macmillan, pages 212-246.

HAGGARD, Stephan et Robert R. KAUFMAN (1992). *The Politics of Economic Adjustment*, Princeton, Princeton University Press.

HAMELIN, Jean (1969). « Québec et le monde extérieur : 1867-1967 », *Annuaire du Québec*, Québec, Bureau de la statistique du Québec, pages 2-36.

HERMANN, Charles F., Charles W. KEGLEY Jr. et James N. ROSENAU (dir.), (1987). *New Directions in the Study of Foreign Policy*, Boston, Unwin Hyman.

HERPERGER, Dwight (1991). *Répartition des pouvoirs et fonctions dans les régimes fédéraux*, Ottawa, ministère des Approvisionnements et Services Canada.

HERVOUET, Gérard et Hélène GALARNEAU (dir.) (1984). *Présence internationale du Québec : Chronique des années 1978-1983*, Québec, Centre québécois des relations internationales.

HICKS, Alexander M. (1988). « National Collective Action and Economic Performance : A Review Article », *International Studies Quarterly*, v. 32, pages 131-154.

HOCKING, Brian (1993). *Foreign Relations and Federal States*, London, Leicester University Press.

HOLLAND, Kenneth M. (1995). « Quebec's Successful Role as Champion of North American Free Trade », *Quebec Studies*, numéro 19, pages 71-84.

HOLSTI, Kalevi J. (1985). *The Dividing Discipline : Hegemony and Diversity in International Theory*, Boston, Allen & Unwin.

HUDSON, Valerie M. (1994). « Foreign Policy Analysis », dans NAGEL, Stuart S. (dir.). *Encyclopedia of Policy Studies*, second edition, revised and expanded, New York, Marcel Dekker, pages 281-304.

IKENBERRY, G. John (1986). « The State and Strategies of International Adjustment », *World Politics*, v. 39, pages 53-77.

IKENBERRY, G. John (1988). « Conclusion : An Institutional Approach to American Foreign Economic Policy », dans IKENBERRY, G.J., D.A. LAKE et M. MASTANDUNO (dir.). *The State and American Foreign Economic Policy*, Ithaca, Cornell University Press, page 220.

IMBEAU, Louis M. (1992). « End of Ideology or Politics Matters ? Two Competing Hypotheses in the Comparative Public Policy Literature », *Mimeo*, The International Society for the Study of European Ideas, Aalborg University, Aalborg, Danemark.

INGRAM, Helen M. et Suzanne L. FIEDERLEIN (1988). « Traversing Boundaries : A Public Policy Approach to the Analysis of Foreign Policy », *Western Political Quarterly*, v. 41, pages 725-745.

JACOMY-MILLETTE (1977). « Aspects juridiques des activités internationales du Québec », dans PAINCHAUD, Paul (dir.). *Le Québec et le Canada sur la scène internationale*, Sillery, Presses de l'Université du Québec, pages 515-544.

JOHANNSON, P.R. (1978). « Provincial International Activities », *International Journal*, v. 33, pages 287-311.

KATZENSTEIN, Peter J., (1985). *Small States in World Markets*, Ithaca, N.Y., Cornell University Press.

KEATING, Michael (1993). *The Politics of Modern Europe : The State and Political Authority in the Major Democracies*, Aldershot, Edward Elgar.

KEATING, Michael et Nigel WATERS (1985). « Scotland in the European Community », dans KEATING, Michael et Barry JONES (dir.). *Regions and the European Community*, Oxford, Clarendon Press, pages 60-88.

KEATING, Tom et Don MUNTON (1985). *The Provinces and Canadian Foreign Policy*, Toronto, Canadian Institute of International Affairs.

KINGDON, John W. (1995). *Agendas, Alternatives and Public Policies*, 2e édition, New York, Harper, Collins.

KRASNER, Stephen D. (1984). « Approaches to the State : Alternative Conceptions and Historical Dynamics », *Comparative Politics*, v. 16, pages 223-246.

KRASNER, Stephen D. (1993). « Westphalia and All that », dans GOLDSTEIN, Judith et Robert O. KEOHANE (dir.). *Ideas and Foreign Policy : Beliefs, Institutions and Political Change*, Ithaca, Cornell University Press, pages 235-264.

LACHAPELLE, Guy (dir.) (1995). *Quebec Under Free Trade : Making Public Policy in North America*, Sainte-Foy, Presses de l'Université du Québec.

LACOUTURE, Jean (1986). *De Gaulle*, tome 3 : *Le Souverain*, Paris, Seuil.

LANDRY, Réjean (1992). « L'analyse de contenu », dans GAUTHIER, Benoît. *Recherche sociale*, deuxième édition, Sillery, Presses de l'Université du Québec, pages 337-359.

LANDRY, Réjean et Paule DUCHESNEAU (1987). « L'offre d'interventions gouvernementales aux groupes : une théorie et une application », *Revue canadienne de science politique*, v. 20, pages 525-552.

LAPALME, Georges-Émile (1973). *Le paradis du pouvoir, mémoires,* tome 3, Montréal, Leméac.

LATOUCHE, Daniel (1988). « State-Building and Foreign Policy at the Subnational Level », dans DUCHACEK, Ivo *et al. Perforated Sovereignties and International Relations*, New York, Greenwood Press, pages 29-42.

LAUX, Jeanne et M.A. MOLOT. *State Capitalism in Canada*, Ithaca, N.Y., Cornell University Press.

LEDUC, François, Jean-Pierre FURLONG et Christian DESLAURIERS (1989). « Les relations internationales », *Le Québec statistique*, Québec, Bureau de la statistique du Québec, pages 211-227.

LÉGER, Jean-Marc (1987). *La Francophonie : grand dessein, grande ambiguïté*, Montréal, Hurtubise HMH.

LEWIS, Eugene (1980), *Public Entrepreneurship : Toward a Theory of Bureaucratic Political Power*, Bloomington, Indiana University Press.

LINDER, Stephen H. et B. Guy PETERS (1987). « A Design Perspective on Policy Implementation : The Fallacies of Misplaced Prescription », *Policy Studies Review*, v. 6, pages 459-475.

LISÉE, Jean-François (1990). *Dans l'œil de l'aigle : Washington face au Québec*, Montréal, Boréal.

LOPEZ, Cesar Diaz (1985). « Centre-Periphery Structures in Spain : From Historical Conflict to Territorial-Consociational Accomodation ? », dans MENY, Yves et Vincent WRIGHT (dir.). *Centre-Periphery Relations in Western Europe*, Londres, George Allen & Unwin, pages 236-272.

LOWI, Theodore J. (1964). « American Business, Public Policy, Case-Studies, and Political Theory », *World Politics*, v. 16, pages 677-715.

LYONS, Gene M. et Michael MASTANDUNO (1995). *Beyond Westphalia ? State sovereignty and international intervention*, Baltimore, Johns Hopkins University Press.

MACE, Gordon et Guy GOSSELIN (1992). «La politique internationale du Québec après l'échec du Lac Meech», dans BALTHAZAR, Louis. *Le Québec et la restructuration du Canada, 1980-1992*, Québec, Septentrion, pages 219-243.

MACE, Gordon, Louis BÉLANGER et Ivan BERNIER (1995). «Canadian Foreign Policy and Quebec», dans CAMERON, Maxwell A. et Maureen Appel MOLOT. *Canada Among Nations 1995 : Democracy and Foreign Policy*, Ottawa, Carleton University Press, pages 119-143.

MALONE, Christopher (1974). «La politique québécoise en matière de relations internationales : changement et continuité (1960-1972)», thèse de maîtrise, Université d'Ottawa.

MARTIN, Paul (1968). *Fédéralisme et relations internationales*, Ottawa, Imprimeur de la Reine.

MARTIN, Yves et Denis TURCOTTE (1990). *Le Québec dans le monde, Textes et documents I*, Sainte-Foy, Association Québec dans le monde.

MAZMANIAN, Daniel A. et Paul SABATIER (1989). *Implementation and Public Policy*, Lanham, University Press of America.

MCCALL, Christina et Stephen CLARKSON (1995). *Trudeau : l'illusion héroïque*, Montréal, Boréal.

MCNIVEN, James D. et Dianna CANN (1993), «Canadian Provincial Trade Offices in the United States», dans BROWN, Douglas M. et Earl H. FRY (dir.). *States and Provinces in the International Economy*, Berkeley, Institute of Governmental Studies, University of California Press, pages 167-183.

MCROBERTS, Kenneth (1993). *Québec : Social Change and Political Crisis*, troisième édition avec un post-scriptum, Toronto, McClelland et Stewart.

MENZ, Fredric C. (1994). «The Great Whale Hydroelectric Project : Some Economic and Environmental Issues», *Quebec Studies*, v. 18, pages 159-170.

MEYER, John W. *et al.* (1981). «Institutional and Technical Sources of Organizational Structure», dans STEIN, Herman D. (dir.). *Organization and the Human Services*, Philadelphia, T.U.P., pages 151-179.

MICHELMANN, Hans J. et Panayotis SOLDATOS (1990). *Federalism and International Relations*, Oxford, Clarendon Press.

MOLOT, Maureen Appel (1988). «The Provinces and Privatization : Are the Provinces Really Getting Out of Business ? », dans TUPPER, Allan et G. Bruce DOERN (dir.). *Privatization, Public Policy and Public Corporations in Canada*, Halifax, The Institute for Research on Public Policy, pages 379-425.

MOLOT, Maureen Appel (1990). «Where Do We, Should We, or Can We Sit ? A Review of Canadian Foreign Policy Literature», *Revue internationale d'études canadiennes*, n° 1-2, pages 77-96.

MORIN, Claude (1987). *L'Art de l'impossible : la diplomatie québécoise depuis 1960*, Montréal, Boréal.

MORIN, Claude (1990A). « Le Québec dans le monde : l'émergence internationale du Québec », dans DUMONT, Fernand (dir.). *La société québécoise après 30 ans de changements*, Québec, Institut québécois de recherche sur la culture, pages 231-237.

MORIN, Claude (1990B). « De Gaulle et l'émergence internationale du Québec », dans *De Gaulle en son siècle*, Paris, Institut Charles de Gaulle, pages 572 à 580.

MORIN, Claude (1991). *Mes premiers ministres*, Montréal, Boréal.

MORIN, Claude (1994). *Les choses comme elles étaient : une autobiographie politique*, Montréal, Boréal.

MORIN, Jacques-Yvan (1983). « Nécessité d'une politique extérieure pour le Québec », allocution devant l'association des économistes du Québec, Montréal, 6 mai.

MORIN, Jacques-Yvan (1984). « La personnalité internationale du Québec », *Revue québécoise de droit international*, v. 1, pages 163-304.

NEACK, Laura, HEY, Jeanne A.K. et Patrick J. HANEY (1995). *Foreign Policy Analysis : Continuity and Change in Its Second Generation*, Englewood Cliffs, Prentice-Hall.

NODA, Shiro (1989). *Les relations extérieures du Québec de 1970 à 1980 : comparaison des gouvernements Bourassa et Lévesque*, Université de Montréal, département d'histoire, thèse de doctorat.

NOSSAL, Kim Richard (1984). « Doctrine and Canadian Foreign Policy. The Evolution of Bilateralism as a Policy Idea », dans GOSSELIN, Guy (dir.). *La politique étrangère du Canada : approches bilatérale et régionale*, Québec, CQRI, pages 59-86.

NOSSAL, Kim Richard (1989). *The Politics of Canadian Foreign Policy*, deuxième édition, Scarborough, Ont., Prentice-Hall.

O'TOOLE, Laurence J. Jr. et Robert S. MONTJOY (1984), « Interorganizational Policy Implementation : A Theoretical Perspective », *Public Administration Review*, v. 44, pages 491-503.

PADGETT, John F. (1980). « Managing Garbage Can Hierarchies », *Administrative Science Quarterly*, v. 25, pages 583-604.

PAINCHAUD, Paul (1974). « Fédéralisme et théories de politique étrangère », *Études internationales*, v. 5, pages 25-44.

PAINCHAUD, Paul (dir.) (1977). *Le Canada et le Québec sur la scène internationale*, Sainte-Foy, Presses de l'Université du Québec.

PAINCHAUD, Paul (1980). « L'État du Québec et le système international », dans BERGERON, Gérard et Réjean PELLETIER. *L'État du Québec en devenir*, Montréal, Boréal, pages 351-370.

PAINCHAUD, Paul (1988). « The Epicenter of Québec International Relations », dans DUCHACEK, Ivo. D. *et al. Perforated Sovereignties and International Relations: Trans-sovereign Contacts of Subnational Governments*, Westport, Ct., Greenwood Press, 1988, p. 91-97.

PAINCHAUD, Paul (dir.) (1989). *From Mackenzie King to Pierre Trudeau: Forty Years of Canadian Diplomacy*, Québec, Presses de l'Université Laval.

PALUMBO, Dennis J. et Donald J. CALISTA (1987). « Symposium: Implementation: What We Have Learned and Still Need to Know », *Policy Studies Review*, v. 7, pages 91-245.

PARENTEAU, Roland (1980). « Les sociétés d'État: autonomie ou intégration », Montréal, École des HEC, document témoin de la rencontre du 8 mai.

PATRY, André (1980). *Le Québec dans le monde*, Montréal, Leméac.

PATRY, André (1983). *La Capacité internationale des États: l'exercice du « jus tractatuum »*, Sillery, Presses de l'Université du Québec.

PERRON, Bruno (1983). « Les relations Québec–États-Unis », *Cahier de recherche* 83-09, Montréal, HEC-Cetai.

POLÈSE, Mario et Roger VERREAULT (1989). « Trade in Information-Intensive Services: How and Why Regions Develop Export Advantages », *Canadian Public Policy*, v. 15, pages 376-386.

POULIN, François et Guy TRUDEAU (1982). « Les conditions de la productivité des délégations du Québec à l'étranger », Sainte-Foy, ENAP, octobre.

PRESSMAN, Jeffrey L. et Aaron WILDAVSKY (1984). *Implementation*, 3e éd., Berkeley, University of California Press.

REIN, Martin et Francine F. RABINOVITZ (1978). « Implementation: A Theoretical Perspective », dans BURNHAM, Walter Dean et Martha WAGNER WEINBERG (dir.). *American Politics and Public Policy*, Cambridge, MIT Press, pages 307-335.

RICHARDSON, J. David (1990). « The Political Economy of Strategic Trade Policy », *International Organization*, v. 44, pages 107-135.

RITTI, R. Richard et Jonathan H. SILVER (1986). « Early Processes of Institutionalization: The Dramaturgy of Exchange in Interorganizational Relations », *Administrative Science Quarterly*, v. 31, pages 25-42.

ROSENAU, James N. (1987). « Introduction: New Directions and Recurrent Questions in the Comparative Study of Foreign Policy », dans HERMANN, Charles F., Charles W. KEGLEY et James. N. ROSENAU (dir.). *New Directions in the Study of Foreign Policy*, Boston, Unwin Hyman, pages 1-10.

ROSENAU, James N. et Ernst-Otto CZEMPIEL (dir.) (1992). *Governance Without Government: Order and Change in World Politics*, Cambridge, Cambridge University Press.

ROY, Jean-Louis (1977). « Les relations du Québec et les États-Unis (1945-1970) », dans PAINCHAUD, Paul (dir.). *Le Canada et le Québec sur la scène internationale*, Montréal, Presses de l'Université du Québec, pages 497-514.

SABATIER, Paul A. (1986). «Top-Down and Bottom-Up Approaches to Implementation Research : A Critical Analysis and Suggested Synthesis», *Journal of Public Policy*, v. 6, pages 21-48.

SABATIER, Paul A. (1993). «Policy Change Over a Decade or More», dans SABATIER, P.A. et H.C. JENKINS-SMITH. *Policy Change and Learning : An Advocacy Coalition Approach*, Boulder, Westview, pages 13-39.

SABOURIN, Louis (1965). «Politique étrangère et l'État du Québec», *International Journal*, v. 20, pages 350-361.

SABOURIN, Louis (1971). «Canadian Federalism and International Organizations : A Focus on Quebec», Ph.D. Dissertation, Columbia University.

SABOURIN, Louis (1981). «L'action internationale du Québec», *Perspectives internationales*, automne, pages 3-10.

SAVARY, Claude (dir.) (1984). *Les rapports culturels entre le Québec et les États-Unis*, Québec, Institut québécois de recherche sur la culture.

SCHRODT, Philip A. (1985). «Adaptive Precedent-Based Logic and Rational Choice : A Comparison of Two Approaches to the Modeling of International Behavior», dans LUTERBACHER, Urs et Michael D. WARD (dir.). *Dynamic Models of International Conflict*, Boulder, Lynne Rienner Publishers, pages 373-400.

SENGHAAS, Dieter (1985). *The European Experience*, Leamington Spa, Berg Publishers.

SHARP, Mitchell (1994). *Which Reminds Me... A Memoir*, Toronto, University of Toronto Press.

SILVER, A.I. (1982). *The French-Canadian Idea of Confederation, 1864-1900*, Toronto, University of Toronto Press.

SIMARD, Jean-Jacques (1977). «La longue marche des technocrates», *Recherches sociographiques*, v. 18, pages 93-132.

SINGH, Jitendra V., David J. Tucker et Robert J. House (1986). «Organizational Legitimacy and the Liability of Newness», *Administrative Science Quarterly*, v. 31, pages 171-193.

SKOCPOL, Theda et Kenneth FINEGOLD (1982). «State Capacity and Economic Intervention in the Early New Deal», *Political Science Quarterly*, v. 97, pages 255-278.

SKOGSTAD, Grace (1992). «The State, Organized Interests and Canadian Agricultural Trade Policy : The Impact of Institutions», *Revue canadienne de science politique*, v. 25, pages 319-347.

SMITH, Steve et Michael CLARKE (1985). *Foreign Policy Implementation*, Londres, Georges Allen & Unwin.

SOLDATOS, Panayotis (1990). «Les relations internationales du Québec : une paradiplomatie à géométrie variable», dans MONIÈRE, Denis (dir.).

L'Année politique au Québec 1988-1989, Montréal, Québec/Amérique, pages 77-84.

STINCHCOMBE, Arthur (1965). «Social Structures and Organizations», dans MARCH, James G. *Handbook of Organizations*, Chicago, Rand McNally, pages 142-193.

TAINTURIER, Jean (1967). *De Gaulle au Québec, le dossier des quatre journées*, textes colligés, Montréal, Éditions du Jour.

THÉRIEN, Jean-Philippe (1992). «Déterminants internes et externes de la participation canadienne à la francophonie», *Revue d'études canadiennes*, v. 26, pages 53-74.

THÉRIEN, Jean-Philippe (1993). «Co-operation and Conflict in la Francophonie», *International Journal*, v. 48, pages 492-526.

THÉRIEN, Jean-Phillipe, Louis BÉLANGER et Guy GOSSELIN (1994). «La politique étrangère québécoise», dans GAGNON, Alain G. (dir.). *Québec, État et société*, Montréal, Québec/Amérique, pages 255-278.

THOMPSON, James D. (1967). *Organizations in Action*, New York, McGraw-Hill.

THOMSON, Dale (1990). *De Gaulle et le Québec*, Saint-Laurent, Éditions du Trécarré.

TREMBLAY, Gaétan et Manuel PARES I MAICAS (1990). *Autonomie et mondialisation*, Sillery, Presses de l'Université du Québec.

TRUDEAU, Pierre Elliott (1956). «La province de Québec au moment de la grève», dans TRUDEAU, Pierre Elliott (dir.). *La Grève de l'amiante*, Montréal, Éditions du Jour, pages 1-91.

VAUGEOIS, Denis (1973). «Québec et le monde extérieur: 1967-1972», *Annuaire du Québec*, Québec, Bureau de la statistique du Québec, pages 156-162.

VENNE, Michel (1992). «Le consul des États-Unis à Québec quitte avec la conviction que les Québécois forment une nation», *Le Devoir*, 6 juin, page A-2.

VENNE, Michel (1993). «Québec et Paris se tirent la langue», *Le Devoir*, 5 juillet, page 1.

VENNE, Michel (1996). «Québec n'aura plus que six bureaux à l'étranger», *Le Devoir*, 29 mars, page A-4.

YOUNG, R.A., Philippe FAUCHER et André BLAIS (1984). «The Concept of Province-Building: A Critique», *Revue canadienne de science politique*, v. 17, pages 783-818.

ZACHER, Mark W. (1992). «The Decaying Pillars of the Westphalian Temple: Implications for International Order and Governance», dans ROSENAU, James N. et Ernst-Otto CZEMPIEL (dir). *Governance Without Government: Order and Change in World Politics*, Cambridge, Cambridge University Press, pages 58-101.

L.-Brault

DATE DE RETOUR

2 5 JUIN 1999		
0 5 AV 02		
1 0 OCT 2002		

Bibliofiche 297B

 MJV
« L'IMPRIMEUR »

Québec, Canada
1996